思索
사색은 나라를 생각하고(思) 나를 찾자(索)라는 뜻이다.

무지 · 무위 · 무욕

노자 · 노자익 강해

김홍호 사상 전집 · 노장사상 1

무지·무위·무욕
노자 · 노자익 강해

교재 『노자권재구의』

제3권

김홍호

사색

경서는 언제나
보편적인 진리성과
절대적인 권위성을 지니고 있다.
그러나 변화하는 역사 속에서
그 진리성과 권위성을 계속하기 위해서는
현실 사회를 이 진리로 살려낼 수 있는
새로운 해석이 필요하다.

이러한 새로운 해석이 없으면
진리는 독단이 되고
권위는 억압이 되어
생명은 질식되고
사회는 생기를 상실케 된다.

진리는 새로운 해석을 통하여
계속 보편성을 유지해야 하고
권위는 새로운 실천을 통하여
계속 절대성을 유지해가야 한다.

김흥호 『사색』 115호에서

머리말

노자老子는 본질직관本質直觀이고, 장자莊子는 근본경험根本經驗이라고 나는 생각한다. 4차원의 세계란 말이다. 시간·공간을 초월한 말이지, 시간·공간에 붙잡힌 말이 아니다.

노자 1장에 도가도道可道는 비상도非常道란 말이 있다. 우리가 알 수 있는 존재는 진짜 존재가 아니라는 것이다. 존재는 우리가 알 수 있는 세계보다 훨씬 높은 세계다. 하늘은 올라갈 수 있는 세계가 아니다. 우리가 하늘을 알 수 있는 것은, 하늘이 날 찾아 내려와야 짐작할 수가 있다.

노자 6장에서는 하나님을 곡신谷神이라고 한다. 없이 계신 하나님이란 말이다. 노자는 이것을 무극無極이라 한다. 없고 없는 하나님, 절대무絶對無다. 마치 어머니가 주고주고 주다가 자기는 숨어버리는 것과 같다. 무위자연無爲自然이다. 그것을 하이데거는 에르아이그니스(Ereignis)라 한다. 절대무다. 인간은 절대무에서 걸려오는 말을 듣게 된다. 이것이 본질직관이다. 이때 인간의 영성이 깨어난다. 하이데거는 노자를 영성이 깨어난 사람으로 보았다. 하이데거는 노자를 가장 사랑했다고 한다.

노자는 우주를 허이불굴虛而不屈 동이유출動而愈出이라 한다. 텅 비어 있지만 계속 솟아나오는 것이 무위자연이다. 노자는 그것을 사랑이라고 한다.

노자는 사랑의 철학이다. 모든 만물을 살리면서 자기는 없어져버리는 사랑의 철학이다. 노자 81장 모두 사랑의 표현이다. 상선약수上善若水가 대표적이다. 노자의 도는 사랑이란 말이다. 사랑은 말할 수 있는 세계가 아니다. 주고주고 자기는 숨어버리는 에르아이그니스의 세계다.

공자는 노자를 용龍으로 비유한다. 용은 모든 만물에게 비를 내려주고 자기는 숨어버리는 존재다. 노자의 사상을 옛날부터 무위자연無爲自然 겸하부쟁謙下不爭 청정염담淸淨恬淡 장생불사長生不死라고 하였다. 물 철학이다. 구름이 되고, 비가 되고, 호수가 되고, 강물이 되는 사랑의 철학이다.

사마천司馬遷은 노자의 사상을 무위자화無爲自化 청정자정淸淨自正 허무인응虛無因應이라고 하였다. 마치 거울처럼 텅 비어 있지만 모든 사람으로 하여금 자기를 바로잡게 하는 그것이 무위자화다.

　노자를 중국 사람들은 어머니 철학이라고 하여 여성숭배사상을 일으켰다. 중국의 여성들이 존경받는 것은 노자 때문이다.
　노자는 기독교에 가장 가까운 철학이다. 사랑은 아무것도 하는 것이 없는데 하지 않는 것이 없다. 무위이무불위無爲而無不爲다. 없이 계신 하나님, 그것이 사랑이다.
　노자의 지知는 근원지요 절대지다. 태양처럼 물물물물을 비치는 진지眞知다. 진지는 사랑의 지다. 노자의 무無는 없단 말이 아니라 사랑이란 말이다.
　기독교에서는 사랑을 '있고 있다'라고 표현하고, 도교에서는 사랑을 '없고 없다'라고 표현한다. 플러스라고 표현하나 마이너스라고 표현하나 영은 언제나 +- 제로다. 플러스, 마이너스를 초월해야(생멸멸이生滅滅已) 영의 세계, 진리의 세계에 도달한다(적멸위락寂滅爲樂). 진리의 세계만이 사랑의 세계이기 때문이다. 진리의 세계는 본질직관이요, 사랑의 세계는 근본경험이다. 노자는 본질직관을 강조하고, 장자는 근본경험을 강조한다. 모두 다 사랑의 철학이다. 인류를 구원하겠다는 진정이 노장老莊을 통해서 토로된다.
　공자는 인仁이 무엇인가라는 질문에 72가지로 설명한다. 노자는 사랑이 무엇인가라는 질문에 81번 답한다. 기독교는 하나님을 사랑이라 하고, 노자는 도를 사랑이라 한다. 도나 하나님이나 모두 영이기 때문이다. 영은 영원한 생명이다. 영은 죽음과는 아무 상관이 없다. 물에 비친 그림자처럼 거울이 깨져도 얼굴은 깨지지 않는다. 적멸위락이다. 영은 언제나 영원한 생명이다.

키르케고르는 나는 누구인가라는 물음에 나는 정신이다라고 대답한다. 정신은 무엇인가. "나 자신에 관계하는 관계다." '나 자신'은 하나님이요, '관계하는'은 사랑을 받는 것이고, '관계'는 아들이다. 우리는 하나님의 아들이다. 우리는 정신이다. 우리는 영이다. 우리는 적멸(진리)이다. 진리는 영원히 죽지 않는다. 하나님의 아들이기 때문이다.

나는 누구인가. 하나님의 아들이다. 하나님이 사랑이기에 나도 사랑이다. 노자가 찾은 것은 하나님뿐이요 사랑뿐이다. 그것이 영원한 생명이요 도다.

길은 한없이 긴 영원한 생명이다. 끊어지면 길이 아니다. 다리라도 놓아 이어져야 길이다. 길은 영원한 생명의 표현이다. 노자는 이것을 사랑이라고 한다. 사랑은 영원한 생명이다. 물이 만물을 살리듯이 계속 살릴 뿐 물은 끊어지는 법이 없다. 사랑이기 때문이다.

2010년 6월 1일

김흥호

권재의 노자

권재鬳齋는 노자를 형이상학이라고 단정한다. 주역에 형이상자위지도形而上者謂之道 형이하자위지기形而下者謂之器란 말이 있다. 도道는 0·1·2로 사는 것이고, 기器는 3·4·5·6으로 사는 것이다. 0은 절대자를, 1은 철인을, 2는 이상세계를 말한다.

소크라테스는 길을 가다가도 하나님의 말씀이 들려오면 길을 가지 않고 멈추어 서서 그 말을 듣는다. 어떤 때는 24시간 동안 서있는 때도 있었다. 소크라테스는 하나님의 말씀을 들음으로써 철인이 된다. 소크라테스는 아테네를 이상국가로 만들기 위해 최선을 다한다. 플라톤은 『국가』라는 작품으로 소크라테스의 이상국가를 그려낸다.

불교에서는 절대자와의 만남을 유심연기唯心緣起라 하고, 철인을 불佛이라 하고, 이상세계를 이실법계理實法界라고 한다. 선禪에서는 절대자와 만남을 심心이라 하고, 철인을 불佛이라 하고, 이상세계를 물物이라고 한다. 심불물이 절대자와 만남, 철인, 이상세계다.

권재는 노자를 형이상학으로 본다. 절대자와 철인과 이상세계다. 권재는 노자 81장을 절대자, 철인, 이상세계의 반복으로 본다. 그는 '절대자·철인·이상세계'가 27번 반복된 것으로 생각한다. 노자 1장은 절대자이고, 2장은 철인이고, 3장은 이상세계다. 4장은 철인, 5장은 이상세계, 6장은 절대자로, 순서가 좀 바뀌는 때도 있지만 언제나 절대자와 철인과 이상세계의 내용은 마찬가지다.

공자는 노자를 용龍에 비유한다. 비를 내릴 수 있게 하는 철인을 말한다. 비룡어천飛龍於天, 용은 하늘에 속해 있는 동물이다. 노자는 소크라테스처럼 하나님의 말씀을 들을 수 있는 철인이었을 것이다. 공자는 중국을 인의예지仁義禮智의 도덕국가로 만들려고 했지만 노자는, 절대자의 도움을 받는 철인이 다스리는 이상국가를 만들려고 했다.

그러나 노자가 살던 시대는 때가 너무 기울어졌다. 하늘의 뜻을 살리는 철인은 간데없고 악마들의 암투만이 세상을 소란스럽게 한다. 노자는 때가 너무 늦은 것을 한탄하며 함곡관을 넘어서 서쪽으로 망명을 간다. 다행히 관윤의 청탁을 받고 노자 81장을 남긴다. 노자는 인도에 가서 석가가 되었다고 한다. 그만큼 노자의 사상은 석가의 사상과 가깝다. 모두 남방의 사상이기 때문이다.

노자의 사랑은 어머니의 사랑이다. 물 같은 사랑이다. 물이야말로 일체를 살리는 근본사랑이다. 기독교는 아버지의 사랑을 강조하고, 노자는 어머니의 사랑을 강조한다. 모두 사랑을 강조하기는 마찬가지다. 하나님의 사랑을 받는 철인이 나라를 다스려야 이상세계가 된다.

노자 81장은 철인정치를 27번 강조하는 것뿐이라고 권재는 생각한다. 노자의 철인정치는 권재에 의하여 다시 강조된다. 노자의 꿈이 실현되었으면 얼마나 좋았을까.

유영모 선생님께서는 노자를 가장 사랑하셨다. 한 주일에 한 번씩 선생님 댁에서 강의를 하셨다. 아침 7시에 시작하여 오후 2시 반까지 계속되었다. 교재는 노자익이었다. 나는 신촌에서 걸어갔고, 함석헌 선생은 오류동에서 걸어왔다. 지금 생각하면 그때가 가장 행복한 때였다. 유영모 선생님께서는 노자를 기독교에 가장 가까운 사상이라고 하셨다.

2011년 4월 25일
김 흥 호

차 례

머리말　　　　6
권재의 노자　　　10

일러두기　　　　15
노자·권재·현재　　18

제13장 세상의 문제　　23

제14장 노자의 인생관　　39

제15장 참 좋은 선생님　　75

제16장 사람의 깊이　　101

제17장 진짜 대통령　　127

제18장 어머니가 살아계실 때　　145

제19장 태평성대　　155

제20장 교육　　171

제21장 노자의 우주관　　211

제22장 부쟁　　239

제23장 자연　　253

제24장 평범하게 사는 것　　265

찾아보기　　276

일러두기

1. 이 책은 저자가 이화여대 대학교회 연경반에서 2004년 11월 21일부터 2006년 4월 30일까지 모두 47회 강의한 것을 풀어낸 것이다.

2. 이 책의 구성은 교재『노자권재구의』에 대한 저자의 해석, 그리고 저자가 발췌한『노자익』(초횡)에 나오는 주해들 및 기타 자료들에 대한 해석으로 이루어져 있다.

3. 교재: 임희일,『노자권재구의老子鬳齋口義』, 승여일僧如一 교校,《무구비재無求備齋 노자집성老子集成》, 초편初編 12, 엄영봉嚴靈峯 편집, 대북: 예문인서관인행藝文印書館印行. (권재는 임희일의 호다.)

4. 저자는 노자익의 발췌를 위해 다음의 책들을 사용했다.
초횡,『노자익老子翼』, 대북: 광문서국인행, 중화민국 51년/74년.
초횡,『노자익·장자익』, 혜풍학회 편, 한문대계 9, 대북: 신문풍 출판공사, 중화민국 72년.
김탄허,『도덕경道德經』, 현토역주懸吐譯註, 전 2권, 서울: 도서출판 교림, 1983.
위의 책에서 발췌한 주해들은 각주에 출전을 표시하지 않았다. 그 외의 인용들은 각주에서 출전을 밝혔다.

5.『노자권재구의』전문은 원문에 있는 대로 방점을 붙이고,『노자익』도 원문대로 방점을 붙였다.

6. 권재의 주해에는 '권재구의'라는 제목을 붙였고, 그 밖의 주해는 '소자유의 주', '여길보의 주' 등 주해자의 이름을 붙였다.

7. 저자는『노자익』의 주해들과 보충자료들을 매 강의 때마다 화선지

두 폭에 붓글씨로 써서 벽걸이에 걸어놓고 강의했다. 이것은 저자가 주요 핵심어와 문장들 중심으로 발췌한 내용으로서 이 책에서는 이 발췌본을 실었다.

8. 이 책은 저자의 강의대로 노자 81장의 순서를 따라 장별로 편집하였고, 강의의 횟수와 날짜를 각주에 표시하였다.

9. 이 책의 본문 편집은 먼저 원문인 한문 텍스트를 싣고, 한 줄 한 줄 해설해갈 때는 한글발음을 앞에 놓았고, 그 뒤에 한문을 붙였다. 텍스트가 짧을 경우는 한글발음을 처음부터 붙이고 반복을 피했다.

10. 이 책의 모든 각주는 편집자에 의한 것이다. 각주에서 사용한 자료는 주로 『표준국어대사전』(국립국어원)과 인터넷 사전들인데 이에 대한 각주는 생략했다. 그 밖의 것은 출전을 밝혔다.

11. 녹취과정에서 녹음이나 녹화 상태가 분명치 못한 부분은 저자가 보충하였다.

12. 동서양 경전의 제목에는 기본적으로 겹낫표(『 』)를 하지 않았지만 문맥상 필요한 곳에는 표시했다. 각 문장부호의 사용은 다음과 같다.

『 』　책 제목
「 」　책 속의 문집이나 작품명
〈 〉　장이나 절의 제목을 문장 가운데서 말할 때
" "　인용문
' '　강조
·　대등하거나 밀접한 관계인 단어의 나열
—　부연하거나 보충할 때

13. 이 책이 완성되기까지 여러분의 도움이 있었다.

* 강의의 녹음 및 녹화: 김성준
* 『노자권재구의』의 연경반 교재 제작 및 파일 제공: 김진주
* 붓글씨 교재 파일 제공: 서양중
* 녹취: 남희정, 연경반 회원들
* 녹취된 원고에 컴퓨터로 한문 입력: 강언규, 김성호, 김영철, 김종래, 남희정, 양옥남, 이석재, 차인섭, 최정식, 황루시.
* 인쇄교정: 경장현, 김선숙, 이석재, 이윤식.
* 표지 디자인: 조정현, Mark L.

14. 페이지 편집, 교열, 교정 및 총괄작업: 이경희, 임우식.

노자老子 · 권재慵齋 · 현재鉉齋

　노자老子는 BC 604년경 중국 춘추전국시대 초나라 고현에서 태어났다고 한다. 그의 직업은 주나라 왕실의 도서관인 수장실의 사관이었다고 『사기』에 전한다. 노자 「도덕경」 오천 언은 주나라가 기울게 되자 노자가 서역으로 가기 위해 국경인 함곡관을 지나다 그곳 관령인 윤희의 부탁으로 짓게 된 글이라 한다.
　『사기』에 공자(BC 551~479)가 노자를 낙양으로 찾아가 만났다는 기록이 있는데 그때가 공자는 30대, 노자는 80대 쯤 되는 것 같다. 노자가 함곡관을 떠날 때는 그 후가 아닐까. 노자는 도덕경 오천 마디를 관령에게 적어주고 서역을 향해 사라졌다. 후세 사람들은 노자는 인도에 가서 석가가 되었다 그러기도 하고, 또는 160세, 200세를 넘게 살았다고도 한다. 그렇게 노자는 전설이 되었다.

권재鬳齋 임희일林希逸(1193~1271)은 중국 남송시대 사람이다. 그는 유불도의 사상을 섭렵하고, 주역, 춘추전과 불경인 유마경, 능엄경 등을 강의했고 그 강의서들을 남겼다. 노장학으로는 노자 강의서인 『노자권재구의』, 장자 강의서인 『장자권재구의』가 있고, 『열자권재구의』까지 써서 이 세 『권재구의』를 소위 『삼자권재구의』라 일컫고 있다. 이 『삼자권재구의』는 우리나라 조선뿐 아니라 일본에도 알려졌다. 『노자권재구의』는 송나라 이종황제 경정景定 2년, 서기 1261년의 저술이다.

  우리나라에서는 조선 시대에 『삼자권재구의』가 많이 읽혀졌다고 하는데 이러한 책들이 조선의 유교적인 학문 풍토에 어떤 영향을 미쳤고, 어떻게 평가됐는지 학계의 연구가 궁금하다.

  우리나라 조선조에서 읽혀졌던 『노자권재구의』의 판본 가운데는 금속활자 경자자庚子字(세종 2년, 1420년)의 인쇄본이 남아있는데, 그것은 2010년 6월 28일 문화재청에 의해 보물 제1655호로 지정되어 청주 고인쇄 박물관에 소장되어 있다. 그러나 이 연경반 강의의 교재 본은 아니다.

  권재는 어린 시절부터 도교에 관심이 많았고, 불교의 교종, 선종에도 깊이 심취하여 공부했다. 권재는 유불도 3교에 모두 통달한 사람으로 육식을 금하고 마늘 넣은 음식은 먹지 않았다고 한다. 송나라 이종황제가 권재에게 보낸 편지를 보면 권재의 인품과 사상은 상당한 경지에 있었던 것 같다.

현재鉉齋 김흥호金興浩(1919. 2. 26~2012. 12. 5)는 1948년 정인보 선생으로부터 양명학을 접하게 되고 같은 해에 유영모 선생을 만나 근원적인 문제에 몰두하여 주역, 노자 등 동양철학에 매진했다. 1954년 3월 17일 깨달음을 얻고, 스승 유영모로부터 현재鉉齋라는 호를 받았다. 현재는 계시라는 뜻이다. 이 깨달음 후에 그는 더욱 정진하여 일식一食·일좌一坐·일인一仁·일언一言의 실천생활을 시작했다. 동시에 유교 3년, 불교 3년, 노장사상 3년, 기독교 3년이라는 계획을 세워 철저하게 독파해 나갔다. 불교를 공부할 때는 참선을 같이 했다. 그는 1954년 9월부터 평생 일식을 하면서 진리의 체득과 실천의 중요성을 무엇보다 강조했다. 이러한 행의 하나로 고전 강독을 45년간 해온 것이다. 이 책은 그 강독 중의 하나다.

이 책에서는 참으로 흥미로운 언어 텍스트들 간의 시간성을 만날 수 있다. 그것은 노자의 도덕경 텍스트(BC 7세기 경)와 권재의 노자 해석 텍스트(1261년), 그리고 현재 김흥호가 그 두 텍스트들에 대해 해석하는 현재의 텍스트(2013년 출판 기준)로 구성되어 있다는 점이다. 각 텍스트들이 갖는 시간의 변화를 염두에 두고 그 해석이 재창조되어가는 과정을 간파할 수 있다면 경전으로부터 얻는 지혜 외에도 2600년간 이어지는 한 편의 인간 정신의 역사적 드라마를 보는 셈이다. 그것은 아무나 쉽게 만들어낼 수 없는 드라마일 것이다.

결국 이 책의 저자 현재 김흥호는 지금으로부터 2600년 전의 노자가 써놓은 1차 텍스트(도덕경)를 해석하는 동시에 노자로부터 약 1800년 후에 쓰인 노자에 대한 권재의 해석(노자권재구의), 즉 2차 텍스트를 해석하는 것이다. 이 책은 3차 텍스트이다. 우리가 이 모두를 읽고 나름대로 이해하고 느끼고 실천하며 살아간다면 이 또한 4차 텍스트가 아닐까.

노자 오천 언은 권재에 의해 문을 열고 나와, 권재의 해석이 되어 현재를 만나고, 동양과 서양이 함께 어우러져 있는 이 21세기 세상에서 현재에 의해 현실적이고도 구체적인 한국어가 되어 우리의 삶을 들여다보고 있다. 그것은 수천 년이 지난 지금의 대한민국 현실 속에서 재해석되어 마치 동시대인이 우리에게 말하고 있는 것처럼 생생한 공감과 반성과 통찰의 가르침을 주고 있는 것이다. 노자가 쓴 오천 마디의 한문자들을 이렇게 우리가 읽고 음미할 수 있다는 사실도, 권재가 써놓은 한문들이 지금 이렇게 우리말로 풀이되어 가까이 접할 수 있다는 사실도 모두 신기하고 놀라운 경험이 아닐 수 없다.

이 책을 편집하고 만들어가면서 노자를 통해 세상을 다시 보게 되고, 권재의 주해에 감탄하고, 현재의 해석에서는 기쁨을 느낄 수 있었다. 2600년간의 인간 지성의 깊이가 어떻게 고스란히 나의 현실이 될 수 있는지 이 책은 노자, 권재, 현재가 한 자리에 모여 우리를 생각의 향연으로 끌어들이고 있는 것이다.

편집자 주

제13장

세상의 문제(돈과 감투)

돈을 버리라는 말이 아니라
돈에 빠지지 말라는 말이다.
감투를 버리라는 말이 아니라
감투에 빠지지 말라는 말이다.
성인은 오히려 그 돈과 감투를 가지고
세상을 구원해서 이상세계를 만들 수 있다.

第十三章 寵辱

寵辱·若驚. 貴·大患·若身.
何謂寵辱. 辱爲下.
得之若驚. 失之若驚.
何謂貴大患若身.
吾所以有大患者·爲吾有身.
及吾無身·吾有何患.
故貴以身爲天下·則可寄於天下.
愛以身爲天下·乃可以託於天下.

총욕寵辱·약경若驚.

총욕약경寵辱若驚, 총욕寵辱이란 소위 감투라는 거죠.[1] 조선 오백 년 밤낮 싸운 게 감투싸움이죠. 감투싸움이 당파싸움이 되고, 당파싸움이 사화士禍가 되고, 그 사화 때문에 왜놈들이 쳐

---
1. 〈제13강 2005년 4월 24일〉

들어와도 꼼짝 못하게 되고. 그러니까 조선조 때 가장 큰 문제는 총욕이라는 거지요.

총욕寵辱은 감투를 쓰면 총寵이고, 감투가 떨어지면 욕辱이고. 당파 간에 여기 가서 붙는가, 저기 가서 붙는가, 이거나 마찬가지죠. 총욕약경寵辱若驚이야. 감투를 써도 정신이 나가고, 감투가 떨어져도 정신이 나가고, 둘 다 정신이 나가는 거지요.

귀貴·대환大患·약신若身.

귀貴 대환大患 약신若身, 귀, 대환, 모두 큰 골칫거린데, 제일 큰 골칫거리는 돈이지요. 이 돈이라는 골칫거리를 약신若身, 자기의 생명보다도 더 귀하게 생각해.

요새 우리의 문제는 자본주의죠. 이 자본주의 때문에 우리가 얼마나 고생하는지 모르죠. 농촌, 다 없어졌죠. 교육, 다 망했죠. 그리고 요새 공장까지도 다 망해가고 그리고도 계속 야단치는 게 돈돈, 그러고 있는 거죠.

이건 뭐 우리뿐만이 아니라 온 세계가 그러고 있지요. 제1차 세계대전, 자본주의 때문에 나오는 거지. 제2차 세계대전, 자본주의 때문에 나오는 거지. 온 세계가 이 자본주의 때문에 골치를 앓고 있는 거지요. 돈이라고 하는 것처럼 골치 아픈 게 없는 건데, 약신若身, 자기 생명보다도 더 귀하게 생각해. 그래서 여기 감투와 돈, 이 두 가지를 들었어요.

감투를 자꾸 주장하는 것이 공산주의고, 돈을 자꾸 주장하는 것이 자본주의고. 이 세상의 문제는 공산주의와 자본주의라는 거죠. 지금 남북의 갈등도, 북쪽의 공산주의와 남쪽의 자본주의, 이 두 가지가 일으키고 있는 거죠. 결국 세상의 가장 큰 문제가 이 감투와 돈이에요.

하위총욕何謂寵辱. 욕위하辱爲下.
득지약경得之若驚. 실지약경失之若驚.

하위총욕何謂寵辱, 무엇을 총욕이라 하는가? 욕위하辱爲下, 욕은 위하, 감투가 벗겨지는 거지. 감투를 쓰면 위상, 감투가 벗겨지면 위하라고 한다. 득지약경得之若驚, 감투를 써도 정신이 나가고 실지약경失之若驚, 감투가 벗겨져도 정신이 나가죠, 깜짝 놀란다 하는 거는 정신이 나간다, 그 소리지요. 아이들이 경풍에 걸린다 그러잖아요. 쉽게 말하면 경기驚氣라고 그러죠. 지금 감투라는 것 때문에 다들 경기가 걸려서 정신이 나갔다.[2]

하위귀대환약신何謂貴大患若身.
오소이유대환자오所以有大患者 · 위오유신爲吾有身.
급오무신及吾無身 · 오유하환吾有何患.

---
2. 초횡의 『노자익』에는 "何謂寵辱若驚, 寵爲上, 辱爲下, 得之若驚, 失之若驚, 是謂寵辱若驚."이라 되어있다.

하위귀대환약신何謂貴大患若身, 무엇이 이 골칫거리를 자기의 생명보다도 더 중요하게 만드는가?

오소이유대환자吾所以有大患者, 내가 이런 골칫거리를 갖게 되는 것은 위오유신爲吾有身, 몸뚱이가 있기 때문이다. 혹은 나 때문에 그렇다. 아무케 해석해도 다 같아요.

급오무신及吾無身, 이것이 핵심이지요. 내가, 나라고 하는 것이 없으면, 내 몸이라는 것이 없으면, 혹은 내가 감투와 돈에 빠지는 일이 없으면 오유하환吾有何患, 무슨 걱정을 하겠는가. 감투와 돈 때문에 걱정인데 거기에 빠지지 않으면 무슨 걱정인가. 내가 능히 감투를 지배할 수 있고, 내가 능히 돈을 지배할 수 있으면 거기에 무슨 걱정이 있겠는가. 그것에 빠지니까 문제가 되는 것 아닌가.

고귀이신위천하故貴以身爲天下·즉가기어천하則可寄於天下.
애이신위천하愛以身爲天下·내가이탁어천하乃可以託於天下.

고故로, 그렇기 때문에 귀이신위천하貴以身爲天下, 나 자신을 — 이 '나'는 돈과 감투를 초월한 '나'지 — 돈과 감투를 초월한 나를, 위천하, 천하를 위하는 것보다도 더 귀하게 여기면, 예수님 말씀처럼, 사람이 온 천하를 얻어도 생명을 못 얻으면 무슨 쓸데가 있는가. 거기서 예수님은 생명이라는 말을 썼지요.

여기는 지금 몸이라는 말을 쓴 거지. 온 천하를 얻는 것보다 더 귀한 게 무엇인가? 그것은 철드는 거다. 우리가 철이 들면, 무슨 문제가 있겠는가. 철이 들지 못하면, 이게 문제다. 사람이 감투와 돈을 초월한 나를 천하보다도 더 귀하게 여긴다면 즉가기어천하則可寄於天下, 그 사람이야말로 이상세계를 만들어 낼 수 있는 사람이다. 그 사람이야말로 천하를 맡길 수 있는 사람이다.

애이신위천하愛以身爲天下, 이 돈과 감투를 초월한 나를, 천하를 위하는 것보다 더 소중히 생각한다면, 내가이탁어천하乃可以託於天下, 천하를 부탁해도 될 사람이다. 왜? 천하를 초월한 사람이니까. 천하를 초월한 사람에게만 천하를 맡겨야지, 천하를 초월하지 못한 사람에게는 천하를 맡길 수 없지요. 고양이한테 고기를 맡길 수는 없는 거지. 고양이 같은 사람한테 나라를 맡길 수는 없는 거지. 맡기면 다 집어 먹고 마니까.[3]

왕원택의 주

愚者不能自解・恃形爲己・故形之所遭・觸途生患. 老子明寵貴之累・皆緣有身而生. 故遂及無身之妙. 孔子無我・理與是同. 然無者・豈棄而去之乎. 但有之而未嘗有・則不累矣. 且崇高莫大乎富貴. 誠能有之以無有. 則聖人所爲濟世也・亦何患之有.

---

3. 초횡의 『노자익』에는 "故貴以身爲天下者 可以寄天下, 愛以身爲天下者 可以託天下."로 되어있다.

우자불능자해愚者不能自解·시형위기恃形爲己·
고형지소조故形之所遭·촉도생환觸途生患.

우자愚者, 어리석은 사람들은 불능자해不能自解, 자기라는 것을 알지 못해. 너 자신을 알라 하면 알아야 하는데, 자기를 알지 못해. 알지 못해서 시형恃形, 자기 몸뚱이를 가지고 위기爲己, 자기라고 생각해. 고故로, 그렇기 때문에 형지소조形之所遭, 자기 몸뚱이가 가는 데는, 촉도생환觸途生患, 어디를 가든지 다 문제가 되고 말아. 물질세계에 빠지고 마는 거지.

노자명총귀지루老子明寵貴之累·개연유신이생皆緣有身而生.
고수급무신지묘故遂及無身之妙.

노자老子는 명明, 밝혔다. 무엇을 밝혔나? 총귀지루寵貴之累, 감투와 재물, 그것의 누를 밝혔다. 그 누란 감투와 재물에 자꾸 빠지는 거다. 개연유신이생皆緣有身而生, 자꾸 유신有身에 얽혀서 사는 거다. 왜 그렇게 누가 되나? 개연유신이생이야. 다 유신의 인연에서 살기 때문이다. 고故로, 그렇기 때문에, 수급무신지묘遂及無身之妙, 무신지묘를 말하는 거다. 감투와 돈을 초월하는 그런 '자기'를 말하는 거다.

공자무아孔子無我·이여시동리여시동.
연무자然無者·기기이거지호豈棄而去之乎.
단유지이미상유但有之而未嘗有·즉불루의則不累矣.

공자무아孔子無我, 공자는 그런 자기를 무아라고 말한다. 이여시동리與是同이라, 공자의 말이나 노자의 말이나 뜻은 다 같다.

연然이나 무자無者, 무라고 하는 말은 기기이거지호豈棄而去之乎, 내버리라는 말은 아니다. 내 몸을 죽여 버린다, 그 소리는 아니다. 단유지但有之, 내 몸을 가지고 있지만 이미상유而未嘗有, 거기에 빠지지 말라는 말이다. 몸을 버리라는 말이 아니라 몸에 빠지지 말라는 말이다. 돈을 버리라는 말이 아니라 돈에 빠지지 말라는 말이다. 다 같은 말이지. 미상유, 빠지지 않으면 즉불루의則不累矣, 아무 문제가 없다.

차숭고막대호부귀且崇高莫大乎富貴.
성능유지이무유誠能有之以無有.
즉성인소위제세야則聖人所爲濟世也·
역하환지유亦何患之有.

차숭고막대호부귀且崇高莫大乎富貴, 옛날부터 부귀한, 아주 벼슬이 높고, 한없이 돈이 많은 그런 사람이 있었다. 누군가 하면, 소위 천자라는 거지. 그런데 성능유지誠能有之, 그런 높

은 자리와 돈을 가지고 있지만, 부귀를 가지고 있지만, 이무유
以無有, 그 돈과 감투에 빠지는 게 없으니까, 돈과 감투에 정신
이 나가는 게 없으니까, 즉성인소위제세야則聖人所爲濟世也, 성
인은 그 돈과 감투를 가지고 세상을 구원해서 이상세계를 만들
수 있는 거다.

역하환지유亦何患之有, 그렇게 되면 돈과 감투가 무엇이 문
제가 되는가? 아무 문제가 없다.

소자유의 주
생사질병지변공지어내 生死疾病之變攻之於內.
총욕득실지교영지어외 寵辱得失之交攖之於外.
미유일물이비환야 未有一物而非患也.
유달인 惟達人·지성지무괴 知性之無壞·
이신지비실 而身之非實.
망신 忘身·섭세무루 涉世無累.

생사질병지변生死疾病之變 공지어내攻之於內, 생사질병이 안
에서 나를 자꾸 못 살게 굴고, 총욕득실지교寵辱得失之交 영지
어외攖之於外, 총욕득실寵辱得失이 밖에서 나를 못 살게 굴고,
영攖은 무너뜨린다, 못 살게 군다, 이전에 장자에 나왔죠. 못 살
게 구는데, 미유일물이비환야未有一物而非患也, 그렇게 되면 세
상에 무엇이든지 내게 문제가 안 되는 것은 하나도 없다. 그러

니까, 정신이 나가면 다 문제가 된다. 세상에 어느 것 하나도 문제 안 되는 게 없다.

유달인惟達人, 오직 철이 든 사람만이 지知, 성지무괴性之無壞, 정신적으로 하는 것은 깨뜨릴 수가 없다는 것을, 이신지비실而身之非實, 육신으로 하는 것은 깨뜨릴 수가 있는 것을, 비실非實, 실이 아니라는 것을, 그런 것을 알아서 망신忘身, 육신을 초월하고, 육신을 잊어먹고 섭세涉世, 이 세상을 살아가면, 무루無累, 아무 걱정이 없지 않겠는가. 밖에 있는 집착을 버리고 정신적으로 살면 아무 문제가 없지 않겠는가.

권재구의

若. 而也. 寵辱不足驚. 而人驚之. 身爲大患. 而人貴之. 先提起兩句. 下面却解. 何謂者. 不足言也. 寵辱一也. 本不足言. 而人以辱爲下. 自萌好惡之心. 故得之失之皆能驚動其心. 此卽患得患失之意. 身者我之累也. 無身則無累矣. 而人反以爲貴. 是不知其眞身之身也. 知其眞身之可貴. 知其眞身之可愛. 雖得天下不足以易之. 人能如此. 則可以寄託於天下之上矣. 寄託二字. 便有天下不與之意. 此章兩何謂. 自有兩意. 乃古文之妙處.

자, 그러면 13장의 주해를 보겠습니다.

약若. 이야而也.
총욕부족경寵辱不足驚.

약若 이야而也, 약若이라는 말은, '그런데' 이렇게 해석하는 게 좋다. 약若은 이야而也다. '그런데' 그렇게 해석해라. 총욕부족경寵辱不足驚, 그런데 사실 총욕은 문제될 게 하나도 없다.

이인경지而人驚之.
신위대환身爲大患. 이인귀지而人貴之.

선제기양구先提起兩句. 하면각해下面却解.

이인경지而人驚之, 그런데 인경지, 사람이 자꾸 문제가 되는 것은, 신위대환身爲大患, 몸이 자꾸 문제가 되는 것은, 이인귀지而人貴之, 사람이 그걸 귀하게 여겨서 그렇다. 선제기양구先提起兩句, 그래서 총욕약경, 귀대환약신, 이 두 마디를 노자가 딱 내놓았다. 하면각해下面却解, 그리고 하면下面에 거기에 대해서 설명을 붙인다.

하위자何謂者. 부족언야不足言也.
총욕일야寵辱一也. 본부족언 本不足言.
이인이욕위하而人以辱爲下. 자맹호오지심自萌好惡之心.

하위자何謂者, 그런데 하위총욕何謂寵辱, 하위귀대환何謂貴大患에서, "하위何謂"가 두 번 나오는데 부족언야不足言也, 별거 아니다. 하위라는 말이 두 마디 나오는데 부족언야不足言也, 그건 말하지 않아도 다 아는 얘기 아닌가.

총욕일야寵辱一也, 감투를 쓰는 거나, 감투를 벗는 거나, 다 같은 거야. 사람들은 자꾸 그건 다르다, 감투를 쓰는 건 좋고, 감투를 벗는 건 나쁘다 그러지만, 그건 다 같은 거야. 왜 같은 건가? 그것은 내 마음의 욕심 때문에 그런 거야. 내 마음이 혹해서, 미혹되어서 그런 거지, 다 같은 거야. 그것이 인생의 근본문제가 아니기는 다 마찬가지야.

이 사람이 말하는 인간의 근본문제는 뭔가 그러면 언제나 자기의 개성을 발견하고, 자기의 사명을 다하는 것, 그것이 인간의 근본문제지, 감투 쓴다, 돈이다, 이거는 인간의 근본문제는 아니라는 거죠. 총욕은 다 같은 건데, 사람들이 그것을 모르고 분별심을 가지고, 그것을 자꾸 다르다 이렇게 생각하니까 본부족언本不足言, 말할 가치도 없다.

이인이욕위하而人以辱爲下, 그런데 사람들은 감투를 벗으면 죽는다 그러고, 감투를 쓰면 산다고 그러는데, 자맹호오지심自萌好惡之心, 자기 속에 하나는 좋다, 하나는 나쁘다, 하는 분별심이 생겨서 그렇다. 맹, 싹틀 맹萌 자, 분별심이 생겨서 그렇다.

고득지실지개능경동기심故得之失之皆能驚動其心.
차즉환득환실지의此即患得患失之意.

고故 득지실지得之失之 개능경동기심皆能驚動其心, 득得해도, 실失해도 다 그만 정신이 나가고 만다. 거기에 너무 집착이 돼서 그렇게 된다는 말이죠. 차즉此即 환득환실지의患得患失之意, 이거야말로 환을 얻었다가, 환을 잃었다가 하는 거와 마찬가지다.

신자아지루야身者我之累也. 무신즉무루의 無身則無累矣.
이인반이위귀 而人反以爲貴.

신자아지루야身者我之累也, "귀이신귀이신貴而身"의 신身은 아지루我之累야. 골칫거리야. 몸이라고 하는 것은 골칫거리야. 무신즉무루의無身則無累矣, 무신無身, 몸이 없으면 즉무루의則無累矣, 골칫거리가 없어진다. 이인반이위귀而人反以爲貴, 그런데 사람들은 이 골칫거리를 자꾸 숭상하게 된다.

시부지기진신지신야是不知其眞身之身也.
지기진신지가귀知其眞身之可貴.
지기진신지가애知其眞身之可愛.

시부지기진신지신야是不知其眞身之身也, 그것은 진짜 나를 몰라서 그렇다. 이 진짜 나라고 하는 것, 불교에서는 법신法身이라고 하죠. 유교에서는 성신誠身, 노장에서는 진신眞身, 기독교에서는 도신道身. 요새는 그런 말 잘 안 쓰지만, 옛날 우리 어렸을 때는 기독교에서 도신이라는 말을 많이 썼어요. 진짜 나, 진짜 나라고 하는 것은 이 세상의 죄악에 빠지지 않는 나다. 빠진 나는 나가 아니다. 빠지지 않는 나가 진짜 나다.

진짜 나, 지기진신지가귀知其眞身之可貴, 너 자신을 알라, 그러는 것은 그 진짜 나가 뭔지 그걸 밝혀내라 이거거든요. 그 진짜 나가 한없이 귀한 거다. 지기진신지가애知其眞身之可愛, 그 진짜 나가 한없이 사랑스러운 거다.

수득천하부족이역지雖得天下不足以易之. 인능여차人能如此.
즉가이기탁어천하지상의則可以寄託於天下之上矣.
기탁이자寄託二字. 편유천하불여지의便有天下不與之意.
차장양하위此章兩何謂. 자유양의自有兩意.
내고문지묘처乃古文之妙處.

수득천하雖得天下, 그 진짜 나를 얻으면 부족이역지不足以易之, 천하하고도 바꿀 수 없는 거다. 천하보다도 더 높은 거야. 수득천하, 천하를 얻어도 부족이역지不足以易之, 바꿀 수 없는 거다.

인능여차人能如此, 사람이 능히 진짜 나를 알게 되면 즉가이기탁어천하지상의則可以寄託於天下之上矣, 천하보다 더 한 것이라도 맡길 수 있다. 천하지상, 천하보다 더한 것도 맡길 수 있다.

기탁이자寄託二字, 이 기탁寄託이란 무슨 뜻인가? 편유천하불여지의便有天下不與之意, 천하에 대해서 집착을 하지 않는다는 것이다. 이 세상에 대해서 집착을 하지 않는다는 뜻이다. 이 세상에 대해서 집착을 하지 않으면, 그게 진짜 나다. 그런 사람에게야말로 천하를 맡길 수 있다.

차장양하위此章兩何謂, 이 장에는 "하위"라는 말이 두 개가 있는데, 첫째 하위의 뜻은, 감투에 빠지지 마라, 그 소리고, 두 번째 하위는 돈에 빠지지 말라는 말도 있지만, 진짜 나가 뭔지 그걸 찾아라, 그 말이다. 그러니까 첫 번째 하위하고 두 번째 하위하고, 둘이 내용이 다르다. 첫 번째는 감투, 두 번째는 진짜 나가 무엇인가. 자유양의自有兩意, 그것 둘을 밝혀주니까, 둘이 다르다.

내고문지묘처乃古文之妙處, 이것이 노자의 기막힌 얘기다. 어떻게 3천 년 전에 이런 얘기를 했는지, 정말 기막힌 이야기죠.

제14장

노자의 인생관

인생이란 자기의 본질을 발견하는 것이다.

第十四章 視之不見

視之不見·名曰夷.
聽之不聞·名曰希.
搏之不得·名曰微.
此三者不可致詰. 故混而爲一.
其上不皦. 其下不昧. 繩繩兮不可名.
復歸於無物. 是謂無狀之狀. 無象之象.
是謂惚恍. 迎之不見其首. 隨之不見其後.
執古之道以御今之有. 能知古始. 是謂道紀.

　오늘은 도道에 대해서 말합니다.[1] 요전에 13장은 이상세계, 천하天下에 대해서 말한 거고, 이 14장은 도에 대해서 말하는 거죠. 15장은 철인에 대해서죠. 도, 철인, 이상세계, 언제나 이 세 가지가 계속되는 거니까 생각해보고, 또 생각해보고, 그렇게 해서 81장까지 가는 동안에 대체로 도라는 거는 어떤 거다, 짐

---
1. 〈제14강 2005년 5월 1일〉

작이 가게 되죠.

오늘은 14장인데 특별히 노자의 인생관이에요. 21장은 우주관, 25장은 세계관, 노자 철학의 핵심이지요.

철학은 대개 관觀이라는 걸 가지고 나와요. 우주관, 세계관, 인생관, 이렇지요. 기독교로 말하면 우주를 창조한 이가 누군가 그럴 때 하나님이다. 종교적으로 말하면 이것은 신관神觀이지요. 신관인데 철학적으로 말하면 우주관이라고 해요. 또 세계를 다스리는 이가 누군가 그럴 때, 기독교에서는 그리스도다. 그리스도가 세계를 다스린다, 이것을 철학에서는 세계관이라 해요. 기독교에서 인생을 도와주시는 이가 누군가? 성령이다. 성령이라 말하지만 철학에서는 인생관이라 하죠.

오늘은 인생관이에요. 관觀이라는 건 소위 꿰뚫어 본다는 거죠. 주역에는 궁리窮理 진성盡性 지명知命 이렇게 되어있어요. 이렇게도 생각해보고, 저렇게도 생각해보고, 자꾸 궁리하다가 나중에 생각이 끝이 나면, 생生, 각覺, 각을 얻게 되는 거지요. 그것을 우리가 깨달았다 그래요. 궁리하고 궁리하고. 궁리한다는 말은 생각하고, 생각하고, 생각한다는 말이죠.

14장은 여러 가지로 말할 수 있지요. 이것은 원리를 설명한 거다, 그렇게 말할 수도 있고, 또 노자 식으로 무無에 대해서 말한 거다, 그렇게도 말할 수 있고, 사람의 말에 대해서 말하는 거다, 그렇게도. 여러 가지로 생각해가다 보면 공통되는 원리를 발견할 수 있어요.

그 원리를 상대성원리처럼 수학적으로 표시하고, 또 만유인력법칙을 수학적으로 표시하고, 그렇게 원리를 간단하게 수학적으로 표시하는 게, 그게 과학의 세계지요.

그렇지만 철학이나 종교에서는 그렇게 하지 않고 어떤 형상形象으로 그걸 나타내는 거죠. 그게 어떤 상으로 나타났다 그럴 때 그걸 관상觀相이라 해요. 관상이라 할 때 '코끼리 상象'자로도 쓸 수 있어요. 코끼리로 나타낸다, 어떤 형상으로 나타낸다. 말하자면 어떤 상징으로 보통 나타나는 거죠.

기독교에서 '성령은 비둘기처럼' 하는 것은 하나의 상징이에요. 그리스도 그러면 어린양이란 상징이죠. 어린양이란 상징을 어디서 보나? 이사야 53장에서 본다. 이사야 53장을 잘 읽어보면 그 속에 어린양의 모습이 나타나요. 그 어린양을 예수가 볼 때, 그것이 자기의 운명이다, 자기의 천명이다. 하늘이 내게 명령한 것이 어린양이 되라는 거다. 나는 어린양이 되어서 이 세상 사람들의 보혈을 깨끗하게 하기 위해 내가 대신 죽어야 되겠다 그래서, 십자가를 지는 거죠. 그게 중요해요. 예수가 어린양의 상징을 이사야 53장에서 보지 못했다면 십자가를 질 이유가 없었겠죠. 예수는 그 속에서 자기의 운명을 깨닫고, 그 운명을 실천해가는 거죠. 그런 걸 보통 상징이라고 해요.

사람이 말이나 글로 도저히 표현할 수 없을 때는 상징이라는 것을 쓰게 되지요. 피카소는 세계대전을 「게르니카」[2]라는 그림 한 장 속에다 집어넣었어요. 깊이 생각해야 조금씩 보이기 시작하는 거죠. 공자도 말로 할 수 없을 땐 상징을 썼어요. 이사야도 앞으로 오실 메시아를 상징으로 그린 거죠. 그것이 이사야 53장의 어린양이에요.[3] 세례요한도 이 상징을 보고 예수를 내세우게 되는 거죠.[4]

그 상징을 진성盡性하게 되면 그다음에는 지명知命이죠. 자기의 운명을 깨닫고, 그 운명을 실천해가는 거죠. 이 궁리窮理라고 하는 거, 우리가 자꾸 생각해봐서 이사야 53장 이게 무슨 뜻인가 그리고 자꾸 상징을 생각해가다가는 나중에 그 속에서 진성盡性, 아, 하고 이 어린양이라는 상징을 보게 된다. 그 상징을 보게 되면, 그것이 나와 무슨 상관이 있는지 알게 되고, 그래서 그것을 자기의 운명으로 받아들일 때, 그것을 지명이라고

---

2. 「게르니카」(Guernica, 1937): 파블로 피카소(Pablo Picaso)의 대표작 중 하나. 1937년 4월 26일, 독일 나치의 폭격에 의하여 스페인의 도시 게르니카의 민간인 1,654명이 희생된 참상을 담은 작품이다.
3. 이사야 53:7 "그가 곤욕을 당하여 괴로울 때에도 그의 입을 열지 아니하였음이여 마치 도수장으로 끌려가는 어린양과 털 깎는 자 앞에서 잠잠한 양같이 그의 입을 열지 아니하였도다."
4. 요한복음 1:29 "이튿날 요한이 예수께서 자기에게 나아오심을 보고 이르되, 보라, 세상 죄를 지고 가는 하나님의 어린양이로다."

해요. 궁리窮理 진성盡性 지명知命, 이렇게 되는 거죠.

불교에서는 진성이라 하지 않고, 견성見性이라고 해요. 자기의 본질을 발견하는 거죠. 자기의 본질을 발견한다는 것은, 요전엔 자기의 소질을 깨닫는다고 그랬는데, 자기의 소질을 깨닫는다는 것이 결국엔 자기의 본성을 깨닫게 되는 것이죠. 자기의 본성을 깨닫게 되면, 나중에 자기의 사명을 알게 된다, 자기의 사명을 알게 된다는 것이 지명知命이라는 거죠.

불교에서는 자기의 사명을 알게 된다, 하는 것을 성불成佛이라고 하죠. 자기의 사명을 알아서 실천하게 되면, 그것이 부처다, 이거지요. 그것을 실천 못하면 부처라고 할 게 없죠. 그런 실천을 하니까 부처라는 거지, 예수도 자기의 사명을 실천하니까 그리스도지, 자기의 사명을 실천 못하면 그리스도라고 할 수 없는 거죠.

그래서 제일 중요한 게 뭔가 하면, 자꾸 궁리하다가, 메디테이션meditation이라고 하는데, 자꾸 명상을 하다가, 다음엔 컨템플레이션contemplation, 소위 관상觀相을 하게 된다. 관상을 하게 되어야, 유니온union이죠. 지행합일이 되어 자기의 사명을 실천하는 세계가 된다.

기도도 맨 처음에는 간구하다가, 인보케이션invocation이지. 간구하다가, 좀 깊어지면 메디테이션, 그다음에 컨템플레이션, 그다음에 유니온. 지금 컨템플레이션이라는 거지. 어떤 상징을 보게 되는 거죠.

이 장을 '인생관'이라고 할 때 노자는 어떤 상징을 봤을까? 우리는 오늘 그것을 생각해가야 돼요.

시지불견視之不見·명왈이名曰夷.
청지불문聽之不聞·명왈희名曰希.
박지부득搏之不得·명왈미名曰微.

시지불견視之不見, 보아도 보지 못하는 것, 명왈이名曰夷, 그걸 이夷라 그런다. 청지불문聽之不聞, 들어도 듣지 못하는 것, 명왈희名曰希, 그것을 희라 그런다. 박지부득搏之不得, 붙잡아도 붙잡히지 않고 명왈미名曰微, 그것을 미라 그런다. 그러니까, 형상의 세계라면 붙잡을 수 있는데 원리의 세계니까, 원리의 세계는 손으로 붙잡을 수도 없고, 볼 수도 없고, 들을 수도 없는 세계지. 우리가 아인슈타인의 상대성원리 그러면, 상대성원리가 어떤 것인지 볼 수도 없다, 들을 수도 없다, 만질 수도 없다, 그런 거죠.

이 도라는 것은 볼 수도 없고, 들을 수도 없고, 만질 수도 없는 그런 근본의 세계, 원리의 세계죠. 물(수水)로 말하면 기체가 되면 볼 수도 없고, 고체가 되면 들을 수도 없고, 액체가 되면 붙잡을 수도 없고. 물도 그렇게 세 가지로 변하니까, 붙잡을 수도, 볼 수도, 들을 수도 없는 거지.

차삼자불가치힐此三者不可致詰. 고혼이위일故混而爲一.
기상불교其上不皦. 기하불매其下不昧.

차삼자불가치힐此三者不可致詰, 붙잡을 수도 없고, 볼 수도 없고, 들을 수도 없으니까, 고혼이위일故混而爲一, 전체적으로 원리라, 전체적으로 진리라, 그렇게 우리가 말할 수밖에 없지요.

기상불교其上不皦, 그 위는 — 밝을 교 자인데 — 밝지도 않다. 그 위는 밝을 것 같은데 밝지도 않다. 우리는 이것을 비유로 생각해야죠. 에베레스트, 에베레스트는 한없이 높아서 꼭대기는 잘 보이지도 않아. 이것을 인격이라고 하면, 인격이 하도 높아서 잘 보이지도 않아. 우리가 예수라는 사람을 아무리 알려고 해도 잘 보이지가 않아. 너무 높아서 잘 보이질 않아.

기하불매其下不昧, 골짜기가 너무 깊어서 어두울 것 같은데, 거기 호수가 생기면, 물이 고이면, 물이 맑아서 그렇게 어둡지도 않아. 그래서 위에는 밝지도 않고, 아래는 어둡지도 않고, 언제나 이렇게 두 가지로 불생불사不生不死 하듯이, 상대를 초월했다는 것을 이런 식으로 표현하는 거죠. 도의 세계는 언제나 불교불매不皦不昧야. 밝지도 않고 어둡지도 않아. 불생불사不生不死야, 부증불감不增不減이야. 언제나 이런 식으로 표현하니까.

승승혜불가명繩繩兮不可名. 복귀어무물復歸於無物.
시위무상지상是謂無狀之狀. 무상지상無象之象.

승승혜繩繩兮 불가명不可名, 물은 계속 흘러내려오지. 승승繩繩은 새끼줄이라는 건데, 새끼줄, 노끈처럼, 계속 흘러내려와. 그래서 불가명, 이 골짜기, 저 골짜기, 거기 다 이름 붙일 수가 없어. 온 우주로 향해 흘러내려오는 것이지. 세계로 흘러내려오는 거지. 그래서 복귀어무물復歸於無物, 다시 바다로 돌아가는 거지. 다시 전체 세계로 돌아가는 거지.

시위是謂 무상지상無狀之狀 무상지상無象之象, 그렇게 전체 세계로 돌아가면, 그걸로 끝나느냐 하면, 그렇지도 않아. 수증기로 올라가서 구름이 되기도 하고, 또 비가 오다가 그치면 무지개가 되기도 하고. 그래서 구름 같은 모양, 무지개 같은 모양이 된다.

시위홀황是謂惚恍. 영지불견기수迎之不見其首.
수지불견기후隨之不見其後.

시위홀황是謂惚恍, 정말 황홀한 세계지. 결국 그렇게 해서 또 무엇이 되나? 에베레스트 꼭대기에 올라가면 또다시 얼음이 되는 거지. 이렇게 물이라고 하는 것은 계속 돌아가는 거지.

노자의 인생관

이 원리의 세계가 어디서부터 시작되나? 기독교에서 태초에 말씀이 있었다 그러면 그 태초가 언제인지, 영지불견기수迎之不見其首, 그 모양을 보기가 참 어렵다.

그리고 이 원리가 아인슈타인으로 끝날까 하면 앞으로 또 무엇인가 나올 거라는 거지. 아인슈타인 이상의 원리가 또 나올 거라는 거지. 그렇게 해서 우주가 더 밝아지고, 더 밝아지고, 더 밝아지지. 그렇지 않으면 우리가 우주를 이해할 수가 없거든.

수지불견기후隨之不見其後, 어디까지 가서 끝나려는지, 그 뒤도 알 수가 없다. 그런데 우리에게 제일 중요한 건, 우리가 우리의 생을 정말 잘 이해할 수 있는 가장 좋은 원리, 그게 중요한 거지.

물로 말하면 어떤 물이 제일 좋은가? 바닷물, 바닷물 물론 좋지. 그렇지만 바닷물을 먹고 살 수는 없죠. 어떤 물이 제일 좋은가? 도랑물도 안 되고, 강물도 안 되고, 산꼭대기에서 내려오는 가장 깨끗한 샘물, 그것이 우리에게 제일 필요한 물이거든. 기독교에서 태초에 말씀이 있으니, 말씀 속에 생명이 있다. 그 생명은 사람의 빛이라, 이런 식으로 표현하는 거지. 우리를 살려주는 물, 그것을 우리는 진리라 그러는 거지. 진리가 너희를 자유롭게 하리라 하는 거죠.

집고지도이어금지유執古之道以御今之有.
능지고시能知古始. 시위도기是謂道紀.

집고지도執古之道, 요 깨끗한 물을 붙잡아야, 이어금지유以御今之有, 내가 살아나지, 요 깨끗한 물을 붙잡지 못하면, 내가 살아나지 못하는 거지.

능지고시能知古始 시위도기是謂道紀, 이런 깨끗한 물을 아는 것, 그걸 우리가 과학적으로 말하면 어떤 원리를 아는 거고, 철학적으로 말하면 진리를 아는 거고, 종교적으로 말하면, 교리를 아는 거고, 예술적으로 말하면, 그건 무슨 이치라고 하는지 모르지만, 거기에도 또 무슨 도리가 있겠죠. 원리를 아는 것, 그런 여러 가지 원리, 그것을 도기道紀라고 그래요. 과학적인 원리, 철학적인 원리, 종교적인 원리, 예술적인 원리, 그런 원리죠.

'기紀'는 벼리, 그물 맨 위에 굵은 밧줄, 그 아래에 그물을 쭈욱 늘어치는 그 가장 근본 되는 밧줄, 그것을 '기'라고 그러죠. 과학의 아주 최고의 원리, 상대성원리, 이런 것, 철학엔 또 철학의 원리, 종교엔 종교의 원리, 예술엔 예술의 원리, 그런 걸 소위 "도기"라. 그러니까 최고의 원리, 그런 것을 도기라 그래요.

지금 물을 가지고 이렇게 설명했는데, 이런 걸 우린 궁리라 그래요. 다르게 말하면 잘 모르니까, 이렇게 우리가 물을 가지고 설명을 해보고, 또 다른 것으로도 설명을 해보고, 여러 가지로 자꾸 설명해보는 것을 궁리窮理라 그래요.

그렇게 궁리해가지고, 결국은 여기서 어떤 상象을 보아야 한다. 어떤 상象을 봐야 하나? 꼭대기가 밝지도 않고, 아래가 어둡지도 않고, 그리고 쫓아가 보니까 머리가 보이지도 않고, 또 따라가 보니까, 꼬랑지도 보이지 않고, 이게 무슨 상인가 하는 거지. 그런 상을 봐야 한다.

이런 상을 보는 것을, 불교에서는 오도송悟道頌이라 그래요. 도를 깨닫고서 거기서 노래를 부르는 거지. 만해萬海가 설악산 오세암에 가서 도를 깨닫게 돼요. 그것에 대해서 만해가 오도송을 부르죠.[5] 나도 따로 외웠던 건데, 이젠 다 잊어먹었어요. 이렇게 대개 오도송이라고 하는 것을 해내죠.

요전에 "사대원무주" 하는 것도 승조가 마지막에 죽게 돼서야 깨닫는 거죠. 물론 그동안에 연구도 많이 했지만 사실은 깨닫지도 못했거든. 그런데 칼날이 목에 들어오는 순간에, 그 순간에 깨닫게 되는 거지. 봄바람이라는 그것, 봄바람이라는 거, 그 순간에 진리를 깨닫게 되는 거지. 그래서 그것을 오도송으로 내 놓은 것이,

사대원무주四大元無主 오온본시공五蘊本始空
이수임백인以首臨白刃 유여참춘풍猶如斬春風

이런 아주 근사한 오도송이 나오게 되죠.

---
5. 만해 한용운의 오도송, "男兒到處是故鄉 幾人長在客愁中 一聲喝破三千界 雪裡桃花片片紅"

요전에 보우라고 그랬나, 보조라 그랬나. 그 보우의 "춘풍취태고春風吹太古" 하는 것도 하나의 오도송이지요. 이것은 불교에만 있는 것이 아니라, 유교에도 정이천의 오도송, 우리 퇴계의 오도송도 있어요. 퇴계는 열아홉 살에 오도송을 하게 되는 거지. 그때 본 내용이 무엇인가? 벌벌 기어 다니는 게라고 하는 거예요. 퇴계의 게(해蟹)라고 하는 시가 있어요. 그것이 소위 퇴계의 오도송이라는 거지. 율곡은 율곡의 오도송, 대개 그런 오도송을 가져야 그걸 소위 견성이라고 해요. 오도송을 가져야 율곡이고, 퇴계라 하는 거지, 오도송을 못 가지면, 율곡이니 퇴계니 할 수 없어요. 주자는 주자의 오도송이 또 있죠. 어디나 그런 게 다 있어요. 기독교에는 기독교의 오도송이 또 있겠지. 나는 길이요 진리요 생명이라, 이런 것을 예수의 오도송이라고 봐야죠. 그렇게 해서 자기의 본질이 무엇인지를 깨닫게 되는 거죠.

자, 14장에서 노자가 보는 모습은 어떤 모습일까? 무엇을 보고 하는 소리일까? 이런 것을 우리가 생각해봐야 하는 거죠.

이것은 노자뿐만 아니라, 우리 동양 사람 전체가 생각하는 것이, 결국 사람은 무엇인가 그러면, 진리를 깨닫고, 진리를 생산하는 것, 그게 사람이다, 이렇게 보는 거죠. 그것을 왕양명은 진리를 깨달았다 할 때 심즉리心卽理라 하고, 진리를 생산한다

할 때 치양지致良知라 해요. 진리를 깨닫고, 진리를 생산하는, 그게 사람의 본질이죠. 그렇게 말하는 게 제일 좋겠어요. 쉽게 말하면 우리가 말을 이해하고, 또 말을 생산하고, 그렇게 되잖아요.

거룩할 성聖 자 그럴 때 성聖은 귀 이耳, 귀라는 건 말을 들어서 이해하는 거죠. 그 옆에 입 구口 자가 붙는데, 입 구 자는 말을 생산하는 거죠. 문학을 생산한다든가, 예술을 생산한다든가, 음악을 생산한다든가, 무엇이든. 선생님들이 논문 쓰는 것도 다 하나의 생산이죠. 물리학에선 물리학을 공부해서, 어떤 것을 발견하고, 그걸 다시 다른 사람에게 알려주기 위해서 논문을 쓰고, 그렇게 하는 것이 인간이죠. 인간의 본질이에요. 쉽게 말하면, 말을 배워서, 말을 하는 거지. 그것이 인간의 본질이지. 그러니까 말이라고 하는 거, 참 중요해요.

그런데 이 말이라는 건, 맨 처음에는 들어야 되거든. 말을 들어야죠. 말 못 들으면 말 못하죠. 요새 말 못하는 사람, 이거 입이 고장 난 사람이 아니죠. 귀가 고장 난 사람이에요. 귀가 고장 났으니까 듣지를 못한다. 그러니까 말을 할 수가 없는 거지. 그러니까 제일 중요한 게 듣는 거지요.

그다음에 읽는 거예요. 읽는다고 하는 것은 보는 거죠. 책을 읽는다. 이것이 두 번째 중요한 거지요. 궁리 그럴 때는 듣는 세계고, 진성, 견성 그러면 이것은 보는 세계지. 본다는 게 상당히 중요해요. 보지 못하면 안 되죠. 불교에서는 듣는 세계, 그것을 성문聲聞이라 해요. 본다 그럴 때는 연각緣覺이라 해요. 연각, 독각獨覺 그러는데, 그게 상당히 중요하죠. 연각, 많은 책을 보는 거. 그다음엔 작문해서 쓸 줄 알아야 하죠. 쓴다는 것이 또 그렇게 중요해요. 작문한다 그럴 때 그걸 불교에서는 보살이라 그런다. 그래서 쓸 줄 안다, 할 줄 안다, 이거거든요.

마지막 단계가 말을 하는 단계예요. 말을 하는 단계가 소위 불타죠. 설법이 그거예요. 부처가 돼야 설법이 되지, 그렇지 않으면 설법이 못 되죠.

정리하면 맨 처음에 듣는 것을 성문, 그다음 보는 것을 연각, 그다음에 작문할 수 있는 것을 보살, 마지막으로 말할 수 있는 것, 그것을 불타라 해요.

이 궁리라 하면, 이것은 아직도 성문에 해당하는 거죠. 듣고서 자꾸 생각하게 되는 거지. 그러다가, 진성 이렇게 돼야 소위 깨닫는 세계가 되는 거지. 그러니까, 이거 깨닫는 것이 상당히 중요해요. 일생 한국말을 하면서도 한국 글자를 못 읽는 사람도 있잖아요. 그런 걸 우리가 문맹이라 그래요. 이 문맹을 면한다는 게 보통 어려운 일이 아니지요.

종교나 철학, 어디서나 이 깨닫는다는 것을 우주관이라, 인생관이라 하고, 또 이것을 견성이다, 라고 해요. 우리가 보통 제일 많이 쓰는 비유가 알에서 깨어났다는 거죠. 알에서 깨어나서 무엇이 됐나? 병아리가 되는 거지. 그래서 견성이라 할 때는 예를 드는 게 스무하루 만에 깨어났다. 석가가 깨어났다, 이거지요. 깨어났다, 이게 가장 중요한 거예요.

깨어나서 병아리가 자꾸 자라서 나중에 큰 닭이 되면, 다시 자기가 알을 낳게 되거든. 알을 낳는다, 이게 바로 설법의 세계죠. 그래서 깨달았다, 병아리가 됐다는 것도 중요하고, 커서 큰 닭이 되어 알을 낳았다, 이것도 굉장히 중요해요.

알을 낳았다, 그걸 소위 우리가 창조적 지성이라 말해요. 알을 낳았다. 아인슈타인이 상대성원리를 내놓았다. 여기서 상대성원리가 무엇인가? 독창적인 창조적 지성이 되는 거지. 제일 중요한 것이 두 가지, 견성성불 할 때 견성은 병아리가 되어서 나왔다, 성불은 어미닭이 되어서 이제는 진리를 생산하게 되었다. 그래서 제일 많이 쓰는 것이 닭이라는 비유예요.

요전에 장자에도,[6] 닭이 왜 우는지 아는 사람이 통 없다. 이게 다 그 소리거든. 닭이 왜 우는지 아는 사람이 통 없다는 거지. 닭이 무엇이냐 하면, 부처가 닭이에요. 그러니까, 깨어나서, 견성해가지고, 팔만대장경을 설할 수 있는 그런 사람이 되는 거지. 그게 소위 성불이라는 거지.

우리나라에도 말이 알을 낳고 갔다 하는 거, 박혁거세지. 말이 알을 낳고 갔는데 거기서 나온 게 박혁거세야. 동명성왕은

---

6. 장자익 강의를 말함. 이 강의는 이화여대 대학교회 연경반에서 2003년 4월부터 2004년 11월까지 함. 사색출판사에서 출판준비 중에 있다.

또 누군가? 강물의 딸 유화가 알을 낳았어. 지나가는 짐승도 그 알을 무엇인가로 씌워줘. 날아가는 새들도 잎사귀 가져다 덮어줘. 그렇게 자꾸 보호해 주더니, 얼마 지나서 그 속에서 사람이 나와. 동명성왕이에요.

동명성왕은 철인이라는 말이지요. 박혁거세도 철인이라는 말이죠. 빛을 세상에 비춘다는 게 철인이죠. 동명성왕도, 동쪽을 밝히는 거룩한 왕이라는 뜻으로 철인이에요. 그러니까 우리나라 사상이 다 철인정치지요. 철인이 나와야 이상세계가 나오지 않느냐, 이것이 다 그 사상이죠.

그리고 또 하나 유명한 것이 김알지. 닭이 울어서 보니까 금빛 나는 닭이야. 금계라는 거지. 보니까 거기에 알이 하나 있어. 금빛 나는 닭이 난 알이야. 거기서 알이라는 것은 무슨 뜻인가? 지혜라는 거지. 그래서 김알지, 이렇게 지智 자를 붙여놨어요. 김알지도 철인이라 그 소리지. 진리를 깨닫고서, 진리를 생산하는 사람이라.

기독교에서는 비둘기, 한국에서는 닭, 이런 걸로 많이 말해요. 인생관이라는 것은 보통 그 속에 어떤 형상을 드러내나? 닭 같은 형상, 사람은 뇌를 가진 동물인데도, 우리의 정신이 자꾸 날아가려고 하거든. 우리가 자꾸 자유를 찾는 것도 무엇인가 하면, 자꾸 날아가려고 그러는 거죠. 비행기를 발명하게 되는 것도 자꾸 날아가는 것을 원해서 그런 거니까.

사람의 정신의 꼴은 어떤 것인가? 날아가는 새 같은, 비둘기 같은, 닭 같은, 독수리 같은, 이런 걸 사람들은 자꾸 생각하게 돼요. 그래서 사람의 본질이 무엇인가 하면 독수리다 이럴 수도 있고, 비둘기다 이럴 수도 있고, 닭이다 이럴 수도 있고. 우리나라에서 가장 많이 쓰는 상징이 닭이죠. 계림팔도鷄林八道라. 닭이라는, 말하자면 많은 성인들이 나올 수 있는 나라다, 라는 거지요.

그래서 퇴계도 나왔다, 율곡도 나왔다, 다 그런 거죠. 많은 훌륭한 선생님들이, 도산 안창호도 나왔다, 조만식도 나왔다. 자꾸 이런 철인들이 나올 수 있는 나라라는 거지. 계림팔도야. 팔도라는 게 그런 사람들이 자꾸 나오는 게 중요한 거지, 그런 사람들이 안 나오면 이게 뭐 아무것도 아니죠. 이런 위대한 철인들이 자꾸 나와야 나라지, 그런 위인이 나오지 않으면 이건 나라라고 할 수 없죠.

인생관이라고 그럴 땐, 대개 어떤 상징을 많이 쓰나 하면 날아가는 비둘기도 쓰고, 닭도 써요. 그래서 계룡산, 이런 게 나와요. 계룡산 할 때 계라고 하는 게 이 계鷄거든. 이다음에 또 용에 대해서도 말하겠지만, 우리나라에서 많이 쓰는 상징이 용이거든요. 그 두 상징을 합해 놓은 게 소위 계룡산이다 그렇게 볼 수 있죠.

여기서도 지금, 위로는 보이지 않고, 아래로는 어둡지 않고,

머리도 잘 보이지 않고, 꼬리도 잘 보이지 않고, 하는 것이 닭의 상징 아닌가, 그렇게 보는 거지. 이걸 보통 인생관이다, 이렇게 말하지요.

사람의 본질이 무엇인가? 한마디로 말하면 자유인데, 그게 어떤 자유인가 그러면 하늘을 훨훨 날아다니는 자유지. 그래서 그런 상징을 무엇으로 봐야 하나? 독수리라든지, 새(조鳥)로 봐야 한다. 그래서 '새사람' 이야, 새사람. 유영모 선생님은 언제나 사람의 본질은 무엇인가? 새라. 그래서 언제나 새사람, 새사람, 그러셨어요. 새사람이라는 건, 새로운 사람이라는 뜻도 있지만, 새같이 자유자재로 날아다닐 수 있는 사람이라는 거죠. 예술을 한다 그러면, 자꾸 하다 보면 예술에 대해서 자유자재가 되거든. 영문학을 한다 그러면, 나중에 영문학에 대해서 자유자재가 되거든. 결론이 뭔가 하면 무엇이든 다 자유자재가 되는 거거든. 새처럼 날아다니는 것, 그것이 인생의 본질이에요.

대개 노자 14장은 무엇을 그렸는가 그럴 때 새를 그린 거 아닌가, 혹은 닭을 그린 거 아닌가, 비둘기를 그린 거 아닌가, 그렇게 말할 수 있죠. 그런데 그런 것은 아는 사람만 알지요. 아, 인생관이 이런 거구나 하고. 오늘은 인생관이라고 하는 중요한 얘기를 하는 거지요.

권재구의

此章形容道之無迹. 夷. 平也. 希微. 不可見之意. 三字初無分別. 皆形容道之不可見不可聞不可得耳. 搏. 執也. 三者. 希夷. 微也. 三者之名. 不可致詰. 言不可分別也. 故混而一者. 言皆道也. 此兩句. 是老子自解上三句. 老子自曰. 不可致詰. 而解者. 猶以希夷微分別之. 看其語脉不破. 故有此拘泥耳. 不皦. 不明也. 不昧. 不暗也. 上下. 俯仰也. 上下二字. 亦不可拘. 但言此道. 不明不暗. 上下求之. 皆不可見耳. 繩繩. 多也. 多而不可名. 其終皆歸於無物. 故爲無狀之狀. 無象之象. 所謂無狀之狀. 無象之象亦惚恍耳. 迎之而不見其首. 無始也. 隨之而不見其後. 無終也. 執古之道. 言其初自無而出也. 以其初之無. 而御今之有. 則可以知古始之所謂道者矣. 紀. 綱紀也. 道紀. 猶人紀. 猶曰王道之綱也.

이 장은 도지무적道之無迹, 도는 자취가 없다는 걸 말하고 있는 거죠. 길이요, 진리요, 생명을 어떻게 형용하겠어요. 그것은 정신적인 것이지 육체적인 것이 아니죠. 볼 수도 없고(이夷), 들을 수도 없고(희希), 만질 수도 없어요(미微).

그러나 전체적으로 위는 어둡고, 아래는 밝고, 이름을 붙일 수도, 형용할 수도, 생각할 수도 없지만, 십자가, 부활, 승천이라고 형상화 할 수는 있겠죠. 그러다가 진리로 눈을 뜨고, 길에서 일어서고, 생명으로 날아가는 통일, 독립, 자유의 새(조鳥)로 그려보는 거지요.

이렇게 노자는 14장에서 인생의 모습을 그려보는 거죠. 이것을 인생관이라고 해요. 이것은 진리를 깨닫고, 도에 통하고, 생명을 얻어야 인생이라 할 수 있기 때문이죠.

차장형용도지무적此章形容道之無迹. 이夷. 평야平也.
희미希微. 불가견지의不可見之意. 삼자초무분별三字初無分別.

차장此章, 이 장은 형용도지무적形容道之無迹, 도의 자취가 없다는 것을 형용하고 있다. 이夷는 평야平也, 자취가 없어. 평평하다는 거죠. 희미希微는 불가견지의不可見之意, 희미해 볼 수도 없다는 뜻이다. 삼자초무분별三字初無分別, 이희미夷希微, 이 세 자는 처음부터 분별할 수 있는 것이 아니다.

개형용도지불가견불가문불가득이皆形容道之不可見不可聞不可得耳.

개형용도지불가견皆形容道之不可見, 도는 볼 수도, 불가문不可聞, 들을 수도, 불가득이不可得耳, 잡을 수도 없다고 한다. 진리요, 길이요, 생명은 통째로 하나지, 분별할 수 있는 것이 아니다. 사람의 머리, 가슴, 배는 통째로 하나지 분별할 수가 없죠.

박搏. 집야執也. 삼자三者. 희이希夷. 미야微也.

박搏 집야執也, 노자는 분별할 수가 없다고 하면서도 삼자三者 희이希夷 미야微也, 희이미希夷微라고 분별하고 있지 않느냐. 그러나 그 말솜씨로 보면 깨진 것 없이 한통이다.

삼자지명三者之名. 불가치힐不可致詰.
언불가분별야言不可分別也.

삼자지명三者之名, 이 세 가지는 불가치힐不可致詰 언불가분별야言不可分別也, 잡을 수도 없고 분별할 수도 없다.

고혼이일자故混而一者. 언개도야言皆道也.

고故로, 그렇기 때문에 혼이일자混而一者, 통째로 하나다. 언개도야言皆道也, 그 모두를 도라고 한다.

차양구此兩句. 시노자자해상삼구是老子自解上三句.

차양구此兩句, 혼混과 일一, 이 두 마디는, 시노자자해상삼구是老子自解上三句, 노자가 위의 세 마디로 갈라놓은 것이다.

노자자왈老子自曰. 불가치힐不可致詰. 이해자而解者.
유이희이미분별지猶以希夷微分別之.

노자자왈老子自曰, 노자는 스스로 말하기를 불가치힐不可致詰 이해자而解者, 잡을 수가 없다고 하면서도 유이희이미분별지猶以希夷微分別之, 희이미라고 분별하고 있지 않은가.

간기어맥불파看其語脉不破. 고유차구니이故有此拘泥耳.

간기어맥看其語脉, 그 말솜씨를 보면 불파不破 고유차구니이故有此拘泥耳, 깨뜨릴 수가 없다고 하면서도 이 말에 걸려 있다.

불교不皦. 불명야不明也. 불매不昧. 불암야不暗也.
상하上下. 부앙야俯仰也.

불교不皦 불명야不明也, 희지도 않고 밝지도 않고 불매不昧, 검지도 않다. 불암야不暗也, 어둡지도 않다. 상하上下, 그러면서도 여기에 상하라는 글자가 나타나는데 밝은 것도 아니고 어두운 것도 아니라면서 상하라는 말을 쓰는 것은, 짐작할 수도 없고 만져볼 수도 없지만 무엇인가 느끼는 것이 있기 때문이다. 부앙야俯仰也, 쳐다보고 내려다본다.

상하이자上下二字. 역불가구亦不可拘. 단언차도但言此道.
불명불암不明不暗. 상하구지上下求之.

상하이자上下二字 역불가구亦不可拘, 상하 두 글자에 잡히지 말라고 하면서도 단언차도但言此道, 이 도는 불명불암不明不暗 상하구지上下求之, 어둡지도 않고 밝지도 않다고 하면서도 상하를 구하고 있다.

개불가견이皆不可見耳. 승승繩繩. 다야多也.
다이불가명多而不可名.

개불가견이皆不可見耳, 형상이 다 보이지 않는다 하면서도 승승繩繩 다야多也, 무엇인지 줄줄 늘어져 있는 것은 많다는 거다. 다이불가명多而不可名, 늘어진 것이 많지만 말할 수 없다.

기종개귀어무물其終皆歸於無物. 고위무상지상故爲無狀之狀.
무상지상無象之象.

기종개귀어무물其終皆歸於無物, 그것들은 물건도 아니다. 고위무상지상故爲無狀之狀, 형용할 수도 없고 무상지상無象之象, 짐작할 수도 없다.

소위무상지상所謂無狀之狀. 무상지상無象之象.
역홀황이亦惚恍耳.

소위무상지상所謂無狀之狀, 형용할 수도 없고 무상지상無象之象, 짐작할 수도 없으니 역홀황이亦惚恍耳, 황홀, 초의식이라고 할 수 밖에 없다.

영지이불견기수迎之而不見其首. 무시야無始也.
수지이불견기후隨之而不見其後. 무종야無終也.

영지이불견기수迎之而不見其首, 맞이하려 하지만 그 머리가 보이지 않고 무시야無始也, 시작도 없고, 수지이불견기후隨之而不見其後, 따라가려 하지만 그 꼬리가 보이지 않고 무종야無終也, 끝도 없다.

집고지도執古之道.

집고지도執古之道, 영원한 생명이다.

언기초자무이출야言其初自無而出也. 이기초지무以其初之無.
이어금지유而御今之有.

노자의 인생관 63

언기초자무이출야言其初自無而出也, 그 시작은 무라고 할 수 밖에 없고 이기초지무以其初之無 이어금지유而御今之有, 무에서 유가 나왔다 할 수 밖에 없다.

즉가이지고시지소위도자의則可以知古始之所謂道者矣.

즉가이지고시지소위도자의則可以知古始之所謂道者矣, 그런데 도라고 하는 것은 무의 세계요, 형이상의 세계다. 그것이 진리의 세계요, 도의 세계다.

기紀. 강기야綱紀也. 도기道紀. 유인기猶人紀.
유왈왕도지강야猶曰王道之綱也.

기紀 강기야綱紀也, 기는 강기다. 도기道紀 유인기猶人紀, 사람이 되고 왕이 되려면 형이상의 세계를 붙잡아야 한다. 이것이 철인정치의 핵심이다. 유왈왕도지강야猶曰王道之綱也, 왕도의 벼리(강綱)라고 한다.

더욱이 머리가 있고 꼬리가 있다고 하는 것은 날아가는 새의 모습을 보고 있는 것이다. 눈을 뜨고, 일어서고, 날아가는 것이 인간의 본질이기 때문이다. 이것을 도기라고 한다.

왕도의 본질이 통일·독립·자유인 것처럼, 그것이 인간의 본질이다. 인간의 본질은 볼 수도 없고, 만질 수도 없지만 새처럼 눈을 뜨고 일어서고 날아가는 것이 인간의 본질이다. 이것을 인기人紀 또는 도기道紀라고 한다.

소자유의 주

소위일자성야 所謂一者性也. 삼자성지용야 三者性之用也.
인시유성이이 人始有性而已. 급기여물구 及其與物搆.
연후분열사출 然後分裂四出· 위시위청위촉 爲視爲聽爲觸·
일용이부지반기본 日用而不知反其本·
비복혼이위일 非復混而爲一· 즉일원의 則日遠矣.

소위일자所謂一者는 성야性也라. 성이라고 하는 것은 인생의 본질이다. 삼자성지용야三者性之用也, 인생의 본질을 대개 세 가지로 이렇게 말할 수 있다. 우주관, 세계관, 인생관, 이렇게 말할 수 있다. 혹은 진, 선, 미, 이렇게 말하든지. 사람은 대개 세 가지로 말하지 않으면 안 되죠. 세 가지가 아니면 우리가 알 수가 없으니까, 언제나 세 가지로 생각해야 붙잡히지, 두 가지로는 붙잡히지가 않거든. 더구나 한 가지 가지고는 더 붙잡히지 않아요. 최소한 셋은 있어야 되니까. 우리가 수를 센다고 할 때도 셋이고, 우리가 일어셋(섰)다 할 때도 셋이고(발음상으로), 생각한다 할 때도 셋이거든요. 언제나 셋으로 생각해야지, 둘로, 하나로 이건 안 되거든. 용은 성지용性之用이야. 용은 언제나 셋이다, 이렇게 돼요. 인생관, 우주관, 세계관, 이렇게 되니까, 오늘은 인생관 하나를 지금 말하는 거다.

인시유성이이人始有性而已, 사람은 본래 아주 순진해서, 자기의 본성대로 사는 것이 사람일 텐데, 급기여물구及其與物構, 사람이 그만 타락을 해서, 기독교에서도 밤낮 타락했다고 하는데, 여기서도 마찬가지지. 사람이 그만 타락해서 자기의 본성이 연후분열사출然後分裂四出, 분열되고 말아. 정신은 언제나 통일되어야 하는데, 정신이 그만 분열되고 말아. 분열되어서, 사출四出, 이랬다저랬다 하게 된다.

위시爲視 위청爲聽 위촉爲觸, 이런 데 다 그만 멀고 마는 거지. 눈이 멀고, 귀가 멀고, 손이 멀고, 다 이래 가지고 일용이부지반기본日用而不知反其本, 사람은 자기의 근본으로 돌아가는 것을 잊어버리고 말았어. 사람은 하나님께로 돌아가야 하는데 하나님께로 돌아가는 것을 잊어버리고 말았어. 그리고 이 세상에서만 잘살려고 애쓴다.

비복혼이위일非復混而爲一 즉일원의則日遠矣, 다시 근본으로 돌아가서 정신이 통일되지 않으면, 일원日遠, 사람은 언제 구원받을지 정말 아득하다.

여길 보의 주

차삼자종불가치힐자야 此三者終不可致詰者也.
불가이치힐 不可以致詰·즉휴총명 則隳聰明·
이형거지 離形去智·이오득지의 而吾得之矣.

차삼자종불가치힐자야此三者終不可致詰者也, 이 세 가지는, 우주관이니, 세계관이니, 이거는 불가치힐不可致詰, 궁리해서는 몰라. 이것은 견성해야지. 칸트로 말하면, 순수이성 가지고는 모른다. 순수이성 가지고는 안 돼. 무엇을 가지고 해야 하나?

불가이치힐不可以致詰, 순수이성으로는 안 되니까, 즉則 휴총명隳聰明 이형거지離形去智 이오득지의而吾得之矣, 이것은 실천이성으로만 된다. 진리의 세계는 거저 아는 세계가 아니야. 그것은 체득해야 한다. 진리는 체득해야지, 거저 듣고서 알았다, 이것은 그냥 궁리지. 체득해야 견성이 되지, 체득하지 않으면 안 된다.

휴지체墮肢體 출총명黜聰明 이형거지離形去知 동어대통同於大通, 이것은 장자 대종사에 나왔죠. 이것을 소위 실천이성비판이라고 하지요. 이것을 불교에서는 '파라밀波羅蜜'이라고 하죠. 육파라밀, 혹은 더 간단히 말해서 사파라밀이죠. 파라밀이라는 것이 무엇이에요? 석가는 6년 동안 고행했다는데, 고행해서 무엇을 했나? 고행해서 일식을 했다는 거지. 6년 동안 밥 한 끼를 먹었다는 거지. 그리고 49일 동안 무엇을 했나? 참선을 했다. 그러니까 6년 동안 일식을 하고, 49일 동안 참선을 하고, 그렇게 하고, 1년 후에 부처가 되는 거지. 부처가 되어서 보시, 설법을 하게 되죠. 불교에서는 이 네 가지, 계戒 정定 혜慧 보시布施, 이렇게 되죠. 이것을 네 가지 파라밀이라고 하죠.

그런데 여기 노자, 장자에도 마찬가지야. 휴지체, 이거 계戒지. 출총명, 이게 정定의 세계지. 그리고 동어대통 하는 게 혜慧의 세계지. 실천이성비판은 대개 다 같아요.

예수는 40일 동안 어떻게 했나? 금식하는 거지요. 금식하는 것은 휴지체죠. 그래서 몸의 살이 다 떨어져나가고 뼈만 남았다는 거죠. 또 40일 기도했다 하는 것은 출총명이죠. 기도한 것이 컨템플레이션 하게 되는 거지요. 컨템플레이션 하게 돼서 악마를 보았다든가, 하나님을 보았다든가, 그런 세계로 가는 거지. 그걸 소위 출총명이라고 해요. 동어대통이죠. 그래서 진리와 하나가 되어서 나는 길이요, 진리요, 생명이다, 이렇게 말할 수 있게 되는 거지. 이것을 기독교에서는 금식기도라 하고, 공자는 발분망식發憤忘食이라고 하는 거죠. 아주 발분해가지고 망식을 한다. 낙이망우樂以忘憂 부지노지장지不知老之將至, 그런 식으로 공자는 공자대로, 석가는 석가대로, 기독교에선 기독교대로, 다 하는 방법은 같은데, 기독교가 제일 어려워요. 40일을 금식한다는 게 쉽지 않죠. 물론 그렇게 한 사람도 있어요. 성 프란시스가 40일 금식기도 한 사람이죠. 그리고 젬마가 40일 금식기도 한 사람이죠. 40일 금식기도 한다는 건 상당히 어려워요. 40일을 금식하겠다고 하다가 유영모 선생님도 보름 하고 그만두었어요. 그거 아주 힘들지요.

우리가 제일 하기 쉬운 건 불교예요. 일식하는 거니까. 일식 일좌라는 거니까. 일좌라는 게 가만 앉아 참선하면 되는 거지. 일식이라는 건 하루에 한 끼만 먹으면 되는 거거든.

이슬람교에서는 한 달 동안 라마단 한다 하는데, 라마단이라는 건 밥을 안 먹고 있다가 해가 져야 먹는다는 거야. 그게 소위 일식이라는 거지. 그 사람들은 한 달 동안 일식을 한다. 그것이 그 사람들에게는 수도의 아주 큰 길이지.

나도 일식을 시작할 때, 일식을 하게 되면 굉장히 어려울 거라고 주저했는데 막상 해보니까 별로 어렵지도 않았어요. 내가 일식한 지 사십 년 됐나, 사십오 년쯤 된 거 같아요. 한 사십 년 해보는데 이제는 일식하는 게 하나도 힘든 게 없어요. 또 그렇게 편리한 게 없고. 세 번씩 찾아먹으려면 얼마나 힘들어요. 그런데 한 번 먹고 마니깐 얼마나 편리한지. 아침 먹고 나오려면 평택에서 못 나와요. 안 먹고 나오니까 하나도 문제 될 게 없어요. 불교식으로 하는 게 가장 쉬워요. 파라밀이라는 게 가장 쉽더라고. 나도 40일 한번 해볼까 하다가는 이틀하고 말았어요. 그거 아주 어려워요.

그러니까 예수가 40일 했다는 거 보통 어려운 게 아니에요. 인도 사람 가운데 선다 싱[7]이라는 사람이 40일을 했어요. 그런데 37일인가, 37일 만에 의식을 잃고 쓰러지고 말았어. 하루에 돌 하나씩을 내던졌는데, 서른일곱 개를 던지고 그만 쓰러지고 말았어요. 거기에 적은 것을 보니까, 발견한 그 날이 40일이 되는 거야. 그래서 가서 주사 맞히고 다시 살려냈지. 선다 싱도 40일 금식기도 했다, 이렇게 나오는 거지. 선다 싱 그러면, 누구나 그 사람 보면 꼭 예수 같다고 그래요. 보통 사람 같지 않다는 거지. 그 사람이 영국에 갔을 때도, 그 사람을 본 사람들은 다 예수를 봤다 이렇게 말했어요. 뭔지 좀 특별히 달랐던 모양이에요. 하여튼 40일 금식이라는 것은 아마 세계적으로 많지 않을 거야.

그러나 일식한다는 건 세계적으로 많아요. 칸트도 일식했고, 중국의 소강절도 일식했고, 『월든』을 쓴 사람, 소로우(H. D. Thoreau)도 한동안 일식했고, 일식한 사람은 많아요. 일식해보면, 그렇게 편리한 것이 없죠. 언제나 정신이 깨끗해지고, 상당히 좋은데 그것도 시작하려면 보통 어렵지 않아요. 그것도 결단이 필요해요.

나도 맨 처음에 일식하려고 결단할 때, 눈물이 콱 쏟아지더라고. 이제부터 조반 못 먹을 생각하니까 눈물이 쏟아져요. 그

---

[7]. 선다 싱(S. Singh, 1889~1929): 인도의 크리스천 성자다.

게 사실이야. 처음에는 이식二食으로. 그래서 내가 3월 17일 일식하겠다고 결심을 했지만, 실제로 시작한 건, 9월 초하룻날이야. 그동안에는 이식을 해야겠다, 하고 이식을 해서 좀 자기 자신을 훈련시키는 거야. 좀 위로해 주는 거야.

이식을 하다가 9월 초하루 날부터 딱 일식을 시작하는데, 정말 눈물이 쏟아지대요. 끊는다는 것, 담배를 끊는다는 것, 끊는다는 것이 그렇게 중요한 거야. 담배를 끊는다는 것도 힘들지만, 밥을 끊는다는 것, 그것도 참 힘들어요.

내가 자꾸 남녀관계를 끊으라고 그러는데, 남녀관계를 끊는다는 것, 그것도 상당히 힘들어요. 휴지체 출총명, 하는 것이 무엇인가? 참선을 한다는 것이 무엇인가 하면, 남녀관계를 끊는 거지요. 일식한다 이것은 밥 먹는 것을 끊는다는 거죠. 인간의 본능이 먹는 거하고 남녀문제하고 이거죠. 사람이 자기 본능을 넘어선다는 것, 이게 보통 힘들지 않아요. 그렇게 해야 정신의 세계에 들어가는 거예요. 그렇지 않으면 자꾸 벌벌 기어 다니게 되지, 날아다닐 수가 없게 되거든요.

자꾸 남녀관계를 끊으라든가, 밥 먹는 걸 끊으라든가. 이 밥 먹는 걸 끊으라고 할 때는 하루에 한 번은 먹어도 된다고 해서 일식을 하는 거고, 남녀관계를 끊으라 하는 것은 일좌라고 하는 거지요.

여러분은 듣기가 좀 어렵겠지만, 그래도 이런 말을 하지 않으면, 그것은 진리라고 할 수가 없어요. 사람이 철이 들면, 자연 남녀관계도 끊게 되고 한 끼도 먹게 되지. 철이 없을 때는 남녀에 아주 관심이 많지만, 철이 들게 되면, 차차 관심이 없어지게 되고, 그것보다는 진리에 더 관심이 있게 되고, 생명에 더 관심이 있게 되고, 그래서 식, 색을 끊으라는 말은, 진리와 생명 — 진리라는 것은 견성이지. 생명 하는 건 성불이지 — 여기에 더 관심을 가져라, 결국 그 소리니까, 여러분은 오해하지 마시고.

내가 뭐 여러분보고 다 한 끼 먹어라, 그러는 거 절대 아니지만, 여러분도 언젠가는 그런 것도 한 번, 다만 열흘이라도 해보면 좋고, 다만 보름이라도 해보는 것도 좋고, 남녀관계라는 것도, 다만 열흘이라도 끊어보는 게 좋고, 다만 한 달이라도 끊어보는 게 좋고, 다만 일 년이라도 끊어보는 게 좋고, 그러니까 한 번 끊어본다는 거, 그거 인간에게 있어서 상당히 중요한 거예요.

끊는다는 것, 우리 자꾸 담배를 끊는다 그러는데, 담배만 문제가 아니라, 좀 더 깊이 들어가서 먹는 것을 끊는다는 것, 남녀관계를 끊는다는 것, 인간이 가지고 있는 근본적인 정욕, 이것을 끊는다는 것, 이런 것들을 끊어야 우리가 죄에서 벗어날 수 있지, 그렇지 않으면 우리가 죄에서 벗어날 수가 없는 거지. 결국은 끊어야지 우리가 정신의 세계로 살게 되는 거지. 요는 그런 얘기니까.

그러니까 될 수 있는 대로 육체적인 것에 매어 살지 말고, 정신적인 것으로, 하늘을 나는 솔개처럼 그렇게 살자는 거죠. 우리가 닭이란 말도 하고, 비둘기란 말도 하고, 솔개라는 말도 하고. 결국은 자유라는 거지. 진짜 자유를 우리가 어디서 느낄 수 있나. 정신에서 얻을 수 있지. 아무리 육체가 자유롭다고 해도, 이 육체적인 자유라는 건 제한된 자유라 이렇게 보는 거지. 그렇잖아요? 우리가 자유, 그걸 한번 진짜로 느껴보자, 이런 거죠.

이식재의 주
기래무시 其來無始 · 고영지불견기수 故迎之不見其首.
기거무종 其去無終 · 고수지불견기후 故隨之不見其後.
시집고도이어금유 試執古道以御今有 ·
즉금유고야 則今猶古也.
이금지유고 以今之猶古 · 즉지고지유금 則知古之猶今 ·
시위도기 是謂道紀.
도기자 道紀者 · 무거래고금지위야 無去來古今之謂也.

기래무시其來無始, 오는데 시작이 없는 고로, 고영지불견기수故迎之不見其首, 마주해도 머리를 보지 못하고, 기거무종其去無終, 가는데 끝이 없는 고로, 고수지불견기후故隨之不見其後, 따라가도 그 뒤를 보지 못한다.

시집고도이어금유試執古道以御今有, 옛날 진리를 붙잡아서, 원리를 붙잡아서 오늘의 현실을 해석한다는 거죠. 즉금유고야則今猶古也, 이 원리의 세계는 금수이 오히려 고古가 되는 거다.

이금지유고以今之猶古 즉지고지유금則知古之猶今, 금수이 오히려 고古가 되면, 고古가 또 금수이 되는 거고, 그래서 원리에는 시작도 끝도 없다. 우리가 지금 노자를 읽는 것도 옛날의 이치를 배우는 거죠. 이치를 배워가지고 무엇을 하자는 건가? 현실적인 나의 문제를 해결하자는 거지요. 이것을 소위 도기道紀라고 그런다. 도의 핵심이라고 그런다, 이렇게 합시다.

도기자道紀者, 도기라는 원리는 무거래無去來야. 고금지위야古今之謂也. 원리는 옛날이나 지금이나, 과거나 현재나 언제나 진리지, 과거에는 진리인데, 지금은 진리가 아니다, 그럴 수는 없다.

제15장

참 좋은 선생님

진짜 좋은 선생님이란
봄날 얼음이 녹듯이 사람의 마음을
진리의 빛으로 비춰주는 사람이다.

第十五章 古之善爲士

古之善爲士者·微妙玄通·深不可識.
夫惟不可識·故强爲之容.
豫兮若冬涉川. 猶兮若畏四鄰.
儼若客. 渙若氷將釋.
敦兮其若樸. 曠兮其若谷. 渾兮其若濁.
孰能濁以靜之徐清. 孰能安以久之徐生.
保此道者不欲盈. 夫惟不盈是以能敝不新·成.

고지선위사자古之善爲士者·미묘현통微妙玄通·심불가식深不可識.

고지古之는 '옛날에' 그런 뜻도 있지만[1] 여기서는 '진짜로', '참되게', '참으로' 라고 해석하는 게 좋아요. 선위사자善爲士者, 요샛말로 하면 '좋은 선생님', '진짜 좋은 선생님' 이죠.

---
1. 〈제15강 2005년 5월 8일〉

미묘현통微妙玄通, 미微는 '숨어있다'는 거고, '은밀하다'의 뜻이에요. 숨을 은隱 자, 적을 미微 자, 아주 조그마해서 사람에게 잘 보이지 않는 것, 은밀이죠. 묘妙는 도저히 생각할 수 없는 것, 불가사의, 신비하다, 하는 거고. 현玄이라는 건 한없이 깊다. 하늘이 까맣게 보인다. 하늘이 한없이 높아서 까맣게 보인다라는 뜻이죠. 그러니까 숨겨져 있고 신비하고 아주 깊다.

요전에도 그랬지만 모든 원리가 다 그렇죠. 과학의 원리도 그렇고, 철학의 원리도 그렇고, 종교의 원리, 예술의 원리, 다 신비하고 깊고 잘 보이지 않는, 그게 다 원리라는 거죠. 그런 원리를 깨달은 사람, 그런 사람이 진짜 선생이다. 음악 선생 그러면 음악의 원리를 깨달은 사람이죠. 미묘현통微妙玄通이다. 물론 다르게 생각할 수도 있지만 오늘은 그저 이 정도로 생각해둬요. 심불가식深不可識, 그 원리라는 게 정말 깊어서 보통 사람은 통 알 수가 없다.

부유불가식夫惟不可識·고강위지용故强爲之容.

부유불가식夫惟不可識, 그렇게 통 알 수 없으니까, 고강위지용故强爲之容, 억지로라도 그걸 알게 해주려고 애쓰게 된다. 석가 같은 사람은 깨닫고서 맨 처음에는 그 원리가 너무 심오해서, 이거 도저히 알게 해줄 수가 없다 그러고는, 그냥 두 주일

동안 한마디도 안 하고 그걸로 끝내려고 생각했다고 해요. 노자 같은 사람도, 아무리 알려고 하는 사람도 잘 알지 못하니까 그냥 외국으로 망명하고 말았다. 그렇게 어렵다는 거죠.

요전에도 그랬지만 아인슈타인이 일본에 와서 상대성원리를 설명할 때, 일본 물리학자들이 3백 명 모였다. 그런데 그 가운데 아는 사람은 한 사람 밖에 없었다. 그 사람이 나중에 노벨상을 받은 사람이죠. 그렇게 알기 어렵다. 사실 또 그렇지요. 모든 원리라는 게 그렇게 쉽겠어요? 아주 깊어서 정말 알기가 어렵다. 사람들이 통 알지를 못하니까 어떻게 해서라도 알려보자는 거죠. 그래서 석가는 지적으로 우수한 사람들을 모아놓고 강연을 했는데, 그것이 화엄경이라는 거지요. 화엄경 그러면 보통 사람들에겐 말하지 않고, 아주 인텔리들에게만 말한 것이라 해요. 고강위지용故强爲之容, 그렇게 억지로라도 배워주려고 하는데, 세상 사람들이 그냥 순순하게 따라오질 않는다. 예수 같은 사람이 나오면 반드시 죽이자, 또 이러는 사람들이 나오거든. 순순히 들으면 좋은데 그렇게 되질 않는단 말이죠.

예혜약동섭천豫兮若冬涉川.
유혜약외사린猶兮若畏四鄰.

그렇게 되니까 '진짜 좋은 선생님'은 예혜豫兮 약동섭천若冬涉川, 예혜豫兮라는 건 코끼리죠. 코끼리가 겨울에 얼어붙은 강을 건너가려고 하는 거나 같다. 얼마나 조심스럽겠어요. 보통 사람도 강 건너가려면 아슬아슬한데, 코끼리처럼 무거운 몸을 가지고 얼음판을 건너가려면 얼마나 마음이 쓰이겠어요. 그렇게 마음을 많이 쓰게 된다는 말이죠.

유혜猶兮 약외사린若畏四鄰, 유猶라는 건 집을 지키는 개죠. 집을 지키는 개가 도적놈이 오나 안 오나 사방을 돌아보는 것처럼, 언제나 사람들이 자기에 대해서 어떻게 생각하는지 거기에 대해서 관심을 안 가질 수가 없다. 그래서 조심하고, 조심하고, 눈치를 보고, 눈치를 보고 그러면서 시작한다. 사실 또 그렇지요.

엄약객儼若客. 환약빙장석渙若氷將釋.

그리고 그다음엔 지적인 수준이 높은 사람을 만나야지. 엄약객儼若客, 엄儼은 공경할 엄儼, 손님처럼 공경하는, 그런 지적으로 높은 수준의 사람을 만나서 환약빙장석渙若氷將釋, 얼음을 녹이듯이 사람들의 모르는 데를 차차 차차 녹여서 알려줘야 한다.

석가도 아주 최고의 사람들만, 보현보살이라든가, 문수보살이라든가, 그런 수준의 사람들만 맨 처음에 가르치기 시작했다. 그거 그렇겠지요. 공자도 3천 명 제자 가운데 열 제자, 십철十

習이라 그러는데, 10명에게, 안자顔子 같은 사람, 자하子夏니, 그런 사람들에게 가르치게 된다. 그래서 그 사람들이 조금씩 조금씩 이해할 수 있도록 그렇게 하는 거지. 정말 얼음이 녹듯이 그 사람들의 마음을 진리의 빛으로 비춰준 거지. 봄날 얼음 녹듯, 그렇게 이해시켜주는 거지.

돈혜ㅣ기약박敦兮其若樸.
광혜ㅣ기약곡曠兮其若谷.
혼혜ㅣ기약탁渾兮其若濁.

그리고 그런 사람들이 나타나기 시작하면, 일반대중 속에서 정말 아주 진실하고 정직한 사람들, 돈혜敦兮, 아주 돈독히 한다, 기약박其若樸, 박樸, 통나무 같이 진실하고 정직한 사람들, 예수 같으면 아주 소박한 어촌 청년들, 그런 사람들이 따라오게 된다.

그러면 광혜曠兮 기약곡其若谷, 마치 텅 빈 골짜기처럼 그 사람들을 다 안아가지고 그 사람들에게 알려주려고 최선을 다한다. 모든 민중들이 다 알 수 있도록 최선을 다하는 거지요. 그러니까 처음부터 갑자기 되는 게 아니죠. 조금씩 조금씩, 서서히 서서히, 그래서 이게 몇 천 년, 몇 만 년 걸리는 거지요. 그렇게 하루 이틀에 되는 건 아니지요.

우리가 산불 내지 말라고 그렇게 그래도, 또 불 붙여놓고,

또 불 붙여놓고. 이거 산불 안 나게 하려면 몇 천 년 지나야 산불 안 놓게 되려는지 모르죠. 그렇게 일반대중에까지 가려면 쉽게 되는 건 아니라는 거죠.

민주주의라고 하는 것도 몇 백 년, 몇 천 년은 가야 제대로 되지, 그렇게 쉽게 되는 건 아니겠지요. 물론 한 두 사람은 쉽게 되겠지만 이게 전체가 돼야 하니까, 구원 받으려면 우리 인류 전체가 구원 받아야지 무슨 한 두 사람만 구원 받아가지고 일이 해결되는 건 아니거든. 그러니까 아주 오래오래, 뭐 예수가 온 지 이천 년 됐다 그러지만 이천 년 됐다고 이게 된 게 아니라 이거죠.

몇 천 년, 몇 만 년, 불교에서는 단위가 몇 억이란 말이지. 결국 8억 년이 걸려서 됐다든가, 몇 억 년 걸려야 되지 그렇게 쉽게 되는 건 절대 아니라 이거지. 그렇잖아요? 우리가 뭘 할래도 그렇게 쉽게 돼요? 뭐든지 그렇지요. 과학을 할래도 그렇고, 철학을 할래도 그렇고, 다 쉽게 되는 건 하나도 없어요, 다 어렵지.

그래서 공자도 일생에 글자 한 자로 살 수 있는 자가 어떤 자입니까 그러니까 '어려울 난難' 자라 그랬죠. 일생 우리가 산다는 게 다 어렵지, 뭐 쉽게 되는 건 아무것도 없다는 거지. 그렇잖아요?

여러분, 피아노 하나 배운다고 해보세요. 그거 30년 피아노

쳐서 되겠나. 무엇이든 다 어렵지. 피아노의, 미술의 대가들 보면 어떻게 그렇게 대가가 됐는지 정말 모르지요. 그러니까 오래 걸려서 뭐가 되지, 그렇게 쉽게 되는 건 아니죠.

혼혜혼혜渾兮 기약탁其若濁, 탁濁은 물이 흐리다 그 소리거든. 많은 사람들이 잘 알아듣지 못한다. 철학도 알기 힘들고, 과학도 힘들고, 다 알아듣지 못해.

숙능탁이정지서청 孰能濁以靜之徐淸.
숙능안이구지서생 孰能安以久之徐生.

그 사람들을 알아듣게 하려면 숙능탁이정지서청 孰能濁以靜之徐淸, 정지靜之 하는 건 고요하게, 깨끗하게, 깊이 생각해서 마음이 자꾸자꾸 가라앉아 가지고, 나중에는 서서히 깨끗해져서 깨달을 수 있게 누가 그렇게 하겠는가? 그러니까 오래 걸린다 이거죠. 깨닫는 데 오래 걸린다.

숙능안이구지서생 孰能安以久之徐生, 세상의 힘없는 사람들이 힘을 다시 얻으려면 밥을 먹고, 깊이 잠을 자고 깨어나야 힘이 나오지, 뭐 그렇게 쉽게 힘이 나오진 않거든. 누가 그렇게 하겠는가?

서청서생徐淸徐生이야. 오랜 시간이 걸려서 깨닫게 되는 거고, 시간이 걸려서 힘이 나오게 되는 거지, 그렇게 갑자기 되는 건 아니다.

보차도자불욕영 保此道者不欲盈.
부유불영시이능폐불신 夫惟不盈是以能敝不新·성成.

보차도자保此道者, 이런 원리를 깨달은 사람들은 불욕영不欲盈, 빨리 뭐 어떻게 할라 그런 생각을 하면 안 된다. 빨리 되지도 않는다. 부유불영夫惟不盈, 절대 빨리 하려고 하면 안 된다. 오래 걸려서 돼야 그것이 진짜지, 빨리는 안 된다. 시이능폐是以能敝, 진리는 낡지 않는 거다. 낡아 빠지지 않는 거다. 그러니까 불신성不新成, 새롭게 또 만들 필요도 없는 거다. 진리는 영원한 거지, 그렇게 일시적인 건 아니라는 거죠.

우리가 사람 되는 것도 오래 걸려서 사람 되는 거지. 니체 말마따나 원숭이가 사람 되는 데 5만 년 걸렸으면 앞으로 괜찮은 사람 되려면 또 5만 년 걸린다, 그런 생각이지요. 오래 걸리고 오래 걸려서, 일 대에 해서 안 되면 또 그다음 대가 해야 되고, 또 해야 되고 그렇다. 그러니까 여기서 제일 중요한 것은 오래 걸린다는 거지요.

자, 난 이렇게 해석했지만 여기에 주해한 사람은 또 다르게 볼 수 있어요. 여러 가지로 해석할 수 있겠죠.

권재구의

此章形容有道之士. 通於玄微妙. 可謂深於道矣. 而無所容其識知. 惟其中心之虛. 不知不識. 故其容之見外者. 皆出於無心. 故曰强爲之容. 豫兮以下. 乃是形容有道者之容. 自是精到. 冬涉川難涉之意也. 豫容與之與也. 遲回之意也. 猶. 夷猶也. 若人之畏四隣. 而不敢有爲也. 客者. 不自由之意. 儼. 凝定也. 渙. 舒散也. 若氷之將釋. 似散而未散也. 敦. 厚也. 樸. 渾然之意也. 曠. 達也. 谷. 虛也. 渾兮其若濁. 澄之而不清. 撓之而不濁也. 於濁之中. 而持之以靜. 則徐而自清. 安. 不動也. 安之而久. 徐徐而動. 故曰徐生. 孰能者. 言孰能若此乎. 徐. 優游之意也. 此兩句. 只是不清不濁. 不動不靜濁中有淸. 動中有靜耳. 不欲盈者. 虛也. 敝. 故也. 保此道者. 其中常虛. 則但見故而不新. 此便是首章. 所謂常道. 處敝而不新. 則千載如一日矣. 能如此而後. 爲道之大成. 是以能敝不新. 是一句. 成. 是一句.

차장형용유도지사此章形容有道之士. 통어현미묘通於玄微妙. 가위심어도의可謂深於道矣. 이무소용기식지而無所容其識知.

차장此章, 이 장은 형용유도지사形容有道之士, 도를 아는 사람을 형용한 거다. 통어현미묘通於玄微妙, 현과 미와 묘에 다 통한 거다. 가위심어도의可謂深於道矣, 그렇게 돼야 도를 깊이 체득했다고 할 수 있다. 이무소용기식지而無所容其識知, 그렇게 되려면 식지識知, 소위 분별지라는 거지요. 분별지 가지고 되는 건 아니다. 이건 깨닫든지, 계시를 받든지, 체득을 하든지 해야 된다.

어머니는 사랑이라, 그런 걸 알려면 웬만큼 자라서는 모른다. 결국 자기가 또 어린애를 낳아봐야, 아, 어머니가 날 사랑했구나, 그렇게 알지, 저저 생각해서는, 분별지 가지고는 모른다. 그렇잖아요? 어머니의 사랑은 분별지 가지고는 모른다. 어머니가 날 때리니까 미워한다든가, 날 칭찬하니까 좋아한다든가, 그런 거 가지고는 안 되는 거죠. 때려도, 칭찬해도 다 사랑이지, 때리면 사랑 아니고, 그건 절대 아니죠. 그러니까 이건 통일지로 가는 거지요. 무소용기식지無所容其識知, 그건 분별지 가지고는 절대 안 된다.

유기중심지허惟其中心之虛.
부지불식不知不識. 고기용지견외자故其容之見外者.
개출어무심皆出於無心. 고왈강위지용故曰强爲之容.

유기중심지허惟其中心之虛, 우리 마음이 텅 비어야 한다. 텅 비어야 한다는 건 내가 없어져야 된다, 그 소리죠. 어머니가 다고 나는 없다 이럴 때, 이 사랑을 이해할 수 있는 거지, 그렇지 않으면 안 되는 거죠.

부지불식不知不識, 그래서 알게 모르게 고기용지견외자故其

容之見外者, 그 내용이 모습에 나타나게 된다.

여기서 권재는 본문의 "강위지용強爲之容"을 '모습에 나타난다' 이렇게 해석해요. 아까 나하고는 전혀 다르게 해석하는 거죠.[2]

개출어무심皆出於無心, 이게 전부 다 무심에서 나오는 거지, 자기가 없는 데서 나오는 거지, 자기가 있는 데서 나오는 것은 아니다. 자기가 없는 데서 나오는 것을 우리가 통일지라 말하는 거죠. 자기가 있으면 그건 분별지지요. 고왈故曰, 고로 강위지용強爲之容이라 하는 거다.

> 예헤이하豫兮以下. 내시형용유도자지용乃是形容有道者之容.
> 자시정도自是精到. 동섭천난섭지의야冬涉川難涉之意也.
> 예용여지여야豫容與之與也. 지회지의야遲回之意也.
> 유猶. 이유야夷猶也. 약인지외사린若人之畏四隣.
> 이불감유위야而不敢有爲也.

예헤이하豫兮以下 내시형용유도자지용乃是形容有道者之容, 또 여기서 권재는 예혜豫兮 그 이하가 전부 다 도를 깨달은 사람의 모습이라고 해석하고 있어요. 여기 나오는 세 가지(예혜, 유혜, 엄약객)를 이 사람은 다르게 해석하고 있어요.

자시정도自是精到, 이렇게 말을 했다. 동섭천冬涉川, 얼어붙은 강을 걸어서 건너간다는 말은 난섭지의야難涉之意也, 건너기

---
2. 앞의 p. 78 참조. 저자는 "억지로라도 알게 해주려고 애쓰게 된다"로 해석함.

어렵다는 뜻이다.

예豫는 용여容與라는 거다. 용여容與를 사전에서 찾아봤더니 아주 태연하다, 여유가 있다, 그렇게 돼있어요. 코끼리가 얼은 강을 건너갈 때, 아주 조심조심한다, 나는 이렇게 말했지만, 이 사람은 아주 태연하다 이렇게 해석하는 거지요. 지회지의야遲回之意也, 아주 느리게 천천히 간다는 뜻이다.

유猶는 이유야夷猶也, 사전에 찾아봤더니 이유夷猶는 주저주저한다, 그런 뜻이라. 주저주저해서 빨리 가질 않는다. 약인지외사린若人之畏四隣, 사람이 사방을 둘러보며 주저주저해. 이불감유위야而不敢有爲也, 감히 하지 않는 거다.

객자客者. 부자유지의 不自由之意.
엄儼. 응정야凝定也. 환渙. 서산야舒散也.
약빙지장석若氷之將釋. 사산이미산야似散而未散也.

객자客者, 객客은 부자유지의不自由之意라. 부자유란 뜻이다. 난 아까 손님 같은 존경을 받는 사람, 이렇게 말했는데, 이 사람은 부자유의 뜻이라. "엄"을 난 아까, 공경 엄이라고, 이건 사전에 찾아보니까 '공경 엄' 그랬더라고. 그래서 난 그렇게 해석했지만 이 사람은 얼어붙었단 얘기다. 응정야凝定也, 얼음이 얼 듯이 얼어붙었단 얘기다. 그다음에 얼음이 녹는단 말이 나오니까 이 사람은 그렇게 해석했어요.

환오 서산야舒散也, 환오은 얼음이 녹아서 물로 흩어지는 거다. 약빙지장석若氷之將釋, 마치 얼음이 녹으려는 것처럼 사산이미산야似散而未散也, 얼음이 녹긴 녹으면서도 속엔 아직 녹지 않은 것도 있다. 그러니까 우리가 아무리 풀어져도 속에는 절대 풀어지지 않는 하나의 고집이 있어야 한다. 풀어져도 풀어지지 않는 줏대가 하나 있어야 한다.

돈敦. 후야厚也.
박樸. 혼연지의야渾然之意也.
광曠. 달야達也.
곡谷. 허야虛也.

돈敦 후야厚也, 돈은 두껍다는 뜻이다. 박樸 혼연지의야渾然之意也, 박은 통째로란 뜻이다. 통째로. 아까도 통일지 그랬는데. 광曠 달야達也. 광은 멀리 도달했단 뜻이다. 곡谷은 허야虛也, 비었다는 뜻이다.

혼혜기약탁渾兮其若濁. 징지이불청澄之而不清.
요지이불탁야撓之而不濁也. 어탁지중於濁之中.
이지지이정而持之以靜. 즉서이자청則徐而自清.

혼혜渾兮 기약탁其若濁, 전체가 다 흐리다는 말은 징지이불청징지이불청澄之而不淸, 아무리 맑게 하려고 해도 맑아지지도 않고, 요지이불탁야撓之而不濁也, 아무리 휘저어도 탁해지지 않는다. 어탁지중於濁之中 이지지이정이지지이정而持之以靜, 탁한 중에 가만히 있어야 즉서이자청則徐而自淸, 천천히 깨끗해진다. 참선한다는 건 이거죠. 참선한다, 가만히 있어서 마음이 가라앉는다, 이게 참선이니까.

안安. 부동야不動也. 안지이구安之而久. 서서이동徐徐而動.
고왈서생故曰徐生. 숙능자孰能者. 언숙능약차호言孰能若此乎.
서徐. 우유지의야優游之意也.

안安 부동야不動也, 안은 움직이지 않는다는 뜻이다. 안지이구安之而久, 오래 움직이지 않고 있으면 서서이동徐徐而動, 서서히 다시 기운을 회복해서 움직이게 된다. 고왈故曰, 그렇기 때문에 서생徐生이라 그렇게 말했다.

숙능자孰能者, 숙능이라는 것은 언숙능약차호言孰能若此乎, 누가 능히 이처럼 할 수 있겠는가라는 말이다. 서徐 우유지의야優游之意也, 서는 아주 여유있게 천천히 움직인다는 것이다.

차양구此兩句. 지시불청불탁只是不淸不濁.
부동부정탁중유청不動不靜濁中有淸. 동중유정이動中有靜耳.

차양구此兩句는, 지시불청불탁只是不淸不濁, 맑다든지 흐리다든지를 초월했다는 것이다. 또 부동부정不動不靜, 동과 정을 초월했다. 언제나 이 초월했다 할 때는 부동부정, 불생불멸, 부증불감, 다 같은 말이죠. 언제나 이런 걸 초월했다. 탁중유청濁中有淸, 탁 속에 청이 있고, 동중유정이動中有靜耳, 동 속에 정이 있다. 동정을 초월하고, 탁청을 초월하고, 다 초월했다는 말이다. 분별지를 초월해야 절대지, 통일지가 되니까 권재는 이 양구兩句는 초월했다는 말이라 그렇게 해석하는 거죠.

불욕영자不欲盈者. 허야虛也. 폐敝. 고야故也.
보차도자保此道者. 기중상허其中常虛.
즉단견고이불신則但見故而不新.
차편시수장此便是首章. 소위상도所謂常道.

불욕영자不欲盈者, 채우고자 하면 안 된다 하는 말은 허야虛也, 비우라는 말이다. 폐敝는 고야故也, 오래 됐다는 말이다.
보차도자保此道者, 진리를 붙잡은 사람은 기중상허其中常虛, 그 마음이 언제나 텅 비어 있기 때문에 즉단견고이불신則但見故而不新, 오래 됐어도 새롭게 고칠 필요가 없다.
차편시수장此便是首章, 이것이 제1장에 나오는, 소위상도所謂常道, 영원한 도라는, 영원한 원리라는 상도의 뜻이다.

처폐이불신處敝而不新. 즉천재여일일의 則千載如一日矣.
능여차이후능여차이후能如此而後. 위도지대성 爲道之大成.
시이능폐불신是以能敝不新. 시일구是一句. 성성. 시일구是一句.

처폐이불신處敝而不新, 아무리 오래 됐어도 새롭게 고칠 필요가 없다는 말은 즉천재여일의則千載如一日矣, 천년이 하루 같다는 말이다. 천년이 하루 같단 말은 하루가 천년 같고, 천년이 하루 같다는 것이다. 영원하다는 말이다.

능여차이후능여차이후能如此而後, 이렇게 된 후에야 위도지대성爲道之大成, 도가 크게 완성되는 거다. 시이是以, 그렇기 때문에 능폐불신能敝不新, 아무리 오래되어도 새롭게 할 필요가 없다.

시일구是一句, 불신不新도 한 구고. 성성, 시일구是一句, 또 성성, 즉 위도지대성爲道之大成, 이것도 한 구고. 그래서 두 구로 갈라서 생각해도 되지 않느냐 하는 것이 이 사람의 해석이에요.

여길보의 주

古之善爲士者·將以成聖而盡神也. 微妙玄通深不可識·乃所以成聖而盡神也. 蓋欲靜則平氣. 欲神則順心. 平氣也·順心也·乃所以徐淸也. 乃所以徐生也. 此士之所以能成聖而盡神也. 道之體沖. 沖也者·陰陽之和·而盈虛之守. 夫唯不盈·則新敝成壞無所容心. 不敝不壞·則不新不成矣.

고지선위사자古之善爲士者·
장이성성이진신야將以成聖而盡神也.

고지선위사자古之善爲士者, 옛날에 도를 닦는 사람, 옛날에 공부하던 사람들은 장이성성將以成聖, 결국은 무엇이 되고자 하는가?[3] 견성이나 성성이나 같은 거죠. 결국은 견성을 하자는 거다. 이진신야而盡神也, 그래서 또 무엇을 하자는 것인가? 지명知命을 하자는 거다. 견성성불이라는 말인데 여기서는 성성진신成聖盡神, 이렇게 되는 거죠.

미묘현통심불가식微妙玄通深不可識·
내소이성성이진신야乃所以成聖而盡神也.

결국 그 내용은 무엇인가. 미묘현통微妙玄通이지. 미묘현통이라는 것은 휴지체墮肢體 출총명黜聰明 이형거지離形去知 동어대통同於大通, 이게 소위 미묘현통이라는 거지. 도를 닦을 땐 그것밖에 없거든. 일식을 한다, 일좌를 한다, 이러고 도를 닦게 하지. 그래서 대개 도 닦는 사람들은 다 산에 들어간다. 집을 빠져나온다. 집에 있으면 아무래도 자꾸 먹게 되고, 아무래도 남녀가 만나게 되고, 그렇기 때문에 자꾸 산으로 들어간다. 산으로 들어가서 뭐하자는 건가? 이형거지離形去知지. 먹는 것도 멀

---

3. 〈제14강 2005년 5월 1일〉

리하고, 남녀관계도 멀리하고, 이게 소위 일식일좌한다는 거지요. 미묘현통이야. 미微는 깊이 감춰져서 보이지 않는 것을 미라 그러고, 묘妙는 아주 신비하다는 거고. 현玄이라 하는 것도 아주 어린애처럼 순수하다는 거고. 통通한다는 건 다 알았다는 통 자고. 그래서 언제나 미묘현통, 이렇게 많이 쓰는데, 미묘현통을 다른 말로 하면, 휴지체墮肢體 출총명黜聰明, 그 말이나 같다는 거지요.

심불가식深不可識, 그건 이성으로 알 수 있는 세계가 아니죠. 그것은 실천해야 하는 세계지. 체득해야 하는 세계지. 체득한 사람이 결국엔 성성이요, 견성을 하게 되는 거고. 체득한 사람이 진신이요, 결국 부처가 되는 거지.

내소이성성이진신야乃所以成聖而盡神也, 그래서 성성진신成聖盡神, 자기의 소질을 깨닫게 되고, 자기의 사명을 다하게 되고, 그런 걸 노자의 세계에서는 성성진신이라 그렇게 말해요.

개욕정즉평기蓋欲靜則平氣. 욕신즉순심欲神則順心.
평기야平氣也·순심야順心也·내소이서청야乃所以徐淸也.
내소이서생야乃所以徐生也.

개욕정즉평기蓋欲靜則平氣, 참선을 한다는 것은, 정즉평기靜則平氣, 자기의 기분을 바로잡는다는 것이다. 욕신즉순심欲神則順心, 일식을 하면, 순심, 자기의 마음이 순해진다.

평기야平氣也 순심야順心也 내소이서청야乃所以徐淸也, 결국 참선은 내 맘을 깨끗이 가져야 한다는 거지. 깨끗이 하는 것이 서청이고, 내소이서생야乃所以徐生也, 일식은 내가 다시 한 번 힘을 얻자는 거지. 진신盡神이라는 것은 신난다 하는 신이거든. 힘을 얻자는 거지. 내 마음이 깨끗해지고, 내 몸이 힘을 얻고, 이 두 가지, 서청서생徐淸徐生, 이게 노자의 핵심이다.

차사지소이능성성이진신야此士之所以能成聖而盡神也.

차사지소이此士之所以 능성성이진신야能成聖而盡神也, 언제나 노자의 사士는 '성성진신成聖盡神'이야, 일좌일식이야. 일좌해서 마음을 가라앉혀서 깨끗이 하고, 일식해서 힘을 얻는 거지. 일좌일식이야.

도지체충道之體沖.

도지체道之體 충沖, 도의 체는 충沖이다. 일식일좌, 두 가지가 합쳐지는 게 도야. 도는 언제나 두 가지가 합쳐져야 돼. 일도 출생사, 언제나 생과 사가 합쳐져야 해. 생하면 일식이고, 사하면 일좌고. 언제나 생과 사가 합쳐져야 해. 합쳐진 세계를 충이라 해.

충야자沖也者·음양지화陰陽之和·이영허지수而盈虛之守.

충야자沖也者, 충은 음양지화陰陽之和야. 음과 양이 합해졌다. 일식과 일좌가 합해졌다. 정신과 육체가 합쳐졌다. 그 합쳐진 세계, 통일의 세계지. 이영허지수而盈虛之守, 가득 차기도 하고, 텅 비기도 하고. 가만 앉아 있을 때는 텅 빈 거고, 한 끼를 먹었을 때는 가득 찬 거고. 가득 차기도 하고, 텅 비기도 하고. 이것이 상대세계거든. 상대세계를 통합하는 거, 이것을 도라 그런다.

부유불영夫唯不盈·즉신폐성괴무소용심則新敝成壞無所容心.

부유불영夫唯不盈, 가득 차지 않은즉, 텅 빈 거지. 신新과 폐敝, 성成과 괴壞라. 신과 폐가 반대죠. 신은 새 옷이고, 폐는 낡은 옷이지. 성괴, 성은 이루어지는 거고, 괴는 멀어지는 거고. 이것도 상대적인 거지. 신폐성괴가 없어져야지, 상대를 초월해야 그것이 무소용심無所容心이지. 그런 것이 마음에 들어오지 않아야지.

불폐불괴不敝不壞·즉불신불성의則不新不成矣.

참 좋은 선생님 95

불폐不敝, 폐도 아니고, 불괴不壞, 괴도 아닌즉 불신불성不新不成이야. 신新도 아니고, 성成도 아니고. 이렇게 상대를 초월한 세계가 결국은 도라. 도는 출생사出生死니까 언제나 상대를 초월해야 하는 거지.

소자유의 주
세속지사世俗之士·이물골성以物汩性·
즉탁이불복청則濁而不復清.
고고지사枯槁之士·이정멸성以定滅性·
즉안이불복생則安而不復生.
적연부동寂然不動·감이수통感而遂通.

세속지사世俗之士, 세속의 사람들은 이물골성以物汩性, 그만 물질의 세계에 — 골은 빠질 골汩 자지요. — 빠져서 골성汩性이야. 탁이濁而, 그만 정신이 흐려지고 말아. 불복청不復清, 일생을 그러다 죽고 마는 거지. 한번 회개를 해야 하는데, 회개 못하고 그만 죽고 만다는 거지. 불복청이야. 깨끗이 되어 돌아오지 못해. 이 세상에는 그런 사람들이 많다. 한번 깨끗하게 돼야 하는데, 깨끗하지 못하고, 그냥 흙탕물로 데굴데굴 구르다가 마는 사람들이 참 많다. 그거 소위 죄인이라고 그러지. 죄인들이 참 많다.

또 세상에는 수양한다, 산에 들어가서 참선한다, 그러고선, 결국엔 고고지사枯槁之士, 산에 가서 아주 마른 막대기처럼 그렇게 고고지사가 되는 사람도 있어. 왜? 이정以定이라는 건 참선하는 거지. 참선하다가 그만 멸성滅性이야. 자기의 소질을 잃어버리고 말아. 참선하러 가서는 자기의 소질을 다 잊어먹고 말아. 멸성해가지고, 안이安而, 편안은 해. 절에 가서 살면 일생 편안해. 편안한데, 불복생不復生이야. 이 사회에 대해서 공헌하는 건 아무것도 없어. 그래서 이 두 가지, 세상에 빠지는 사람도 있고, 세상을 나가서 빼빼 말라서 아무것도 못하고 마는 사람도 있고. 이 세상에는 이렇게 두 가지 사람이 있어. 우리는 언제나 이 두 가지를 합해야 돼.

적연부동寂然不動, 일좌도 있어야 하고, 감이수통感而遂通, 일식도 있어야 하고. 언제나 이 일좌일식이 합해져야 돼.

그런데 절에 가보면 일좌하는 사람은 참 많은데 일식하는 사람은 거의 없어요. 자꾸 한 편으로만 치우치고. 한 편으로 치우치면 그만 고고지사가 되고 말거든. 또 먹는 데만 치우치면, 골성한 사람들이 많아지죠. 그래서 이 세상은 자꾸 두 가지로 갈리는 게 많다는 말이죠.

어떻게 하면 이걸 합치나? 철인이 돼야 합쳐지는 거지. 예수가 따로 있고, 그리스도가 따로 있고, 그렇게 되면 안 된다는 거지. 장로교회에는 예수교 장로교회도 있고, 기독교 장로교회도 있고, 둘이서 실컷 싸우다 요샌 어떻게 됐는지 몰라. 근데 그렇게 되면 안 돼요. 언제나 예수하고 그리스도는 합쳐져야지. 다 합쳐야 무엇이 되지, 따로따로 있으면, 그건 분열의 상태라는 거지. 그래서 이거 합치자 이거지.

언제나 두 가지, 일식하면 반드시 일좌가 있어야 하고, 일좌하면 반드시 일식이 있어야 하고. 이 두 가지가, 다르게 말하면 건강한 육체가 있으면 건강한 정신이 있어야 하고, 건강한 정신이 있으면, 건강한 육체가 있어야 하고. 일좌한다는 것은 건강한 정신이지, 오똑하니 앉아 있다, 그런 소리가 아니지. 일식은 건강한 육체라는 거지.

나도 한없이 많은 병을 앓았는데, 그래도 오늘까지 이렇게 와서 여러분과 같이 고전을 생각할 수 있는 것은 순전히 일식의 덕이지요. 일식 안 했으면 아마 벌써 죽은 지 오래지. 유영모 선생님도 30을 넘기지 못하겠다는 걸, 일식으로 92세까지 살았어요. 그러니까 이 일식의 덕을 톡톡히 본 거지.

엊그저께도 CT촬영 하고 — 요전에 내가 좀 쓰러질 뻔 했거든. 여기 올라와서 쓰러질 뻔 했는데 — CT촬영도 하고 다 해 봤더니 빈혈이라는 거예요. 의사 말이 어디 나쁜 데는 하나도 없다는 거예요. 또 하나는 요전에 내가 초콜릿을 많이 먹었어요. 그래서인지 당이 많아졌다고, 단거는 절대 먹지 말라고 해요. 그래서 이제는 단거를 절대 먹지 않고, 당을 낮춰야 해요. 그래서 사람이 자신의 몸에 대해서 어느 정도 자신을 가지게 돼야 하거든.

그래도 지금까지 내가 살아온 덕은 일식의 덕이지. 나는 일식이라는 것을 몰랐는데 유영모 선생님한테 배운 거죠. 유영모 선생님, 30 못 살겠다던 사람이 92세까지 사는 거 보니까, 나도 한번 해봐야 되겠다, 해서 시작했는데 확실히 효과를 많이 봤어요.

일식까지는 아니더라도 너무 많이 먹지는 말도록. 너무 많이 먹어서 자꾸 문제가 되지 않도록. 언제나 건강한 육체, 그리고 생각을 많이 하고, 연구를 많이 하고, 기도를 많이 하고, 그래서 건강한 정신을 만들고. 결국 쉽게 말하면, 건강이라는 거지. 건강한 육체와 건강한 정신, 이 두 가지를 가지라는 것이 성성진신成聖盡神이라는 거죠.

제16장

사람의 깊이

소아에서 무아로
무아에서 대아로 이렇게 발전해야
그것이 사람이지요.

第十六章 致虛極

致虛·極. 守靜·篤. 萬物並作·吾以觀其復.
夫物芸芸. 各歸其根. 歸根曰靜. 靜曰復命.
復命曰常. 知常曰明. 不知常. 妄作凶. 知常容.
容乃公. 公乃王. 王乃天. 天乃道. 道乃久. 沒身不殆.

치허致虛·극極. 수정守靜·독篤.
만물병작萬物並作·오이관기복吾以觀其復.

치허致虛 극極, 한없이, 끝없이 텅 비었다.[1] 끝없이 텅 빈 게 하늘이라는 거지요. 허공은 끝없이 텅 빈 거지. 수정守靜 독篤, 땅은 한없이 두껍고 고요하다. 옛날엔 땅을 두껍고 고요하다고 생각했어요. 요즘처럼 동그랗다고 생각 안 했으니까. 하늘은 한없이 비어 있고, 땅은 한없이 두껍다.

거기에는 만물이, 나무니 꽃이니 산이니 하는 모든 만물이

---
1. 〈제15강 2005년 5월 8일〉

다 만물병작萬物並作, 자랄 수 있는 거야. 땅은 두꺼우니까 뿌리를 내릴 수 있는 거고, 하늘은 텅 비었으니까 가지를 칠 수 있는 거지. 하늘이 딱 막혀 있으면 가지를 어떻게 치겠어요. 그렇게 돼야 병작竝作이야. 그런데 오이관기복吾以觀其復, 그렇게 자라면 어떻게 되는 건가, 나는 그런 걸 한번 생각해봤다.

부물운운夫物芸芸. 각귀기근各歸其根.
귀근왈정歸根曰靜. 정왈복명靜曰復命.
복명왈상復命曰常. 지상왈명知常曰明.

부물운운夫物芸芸, 운은 성할 운芸 자, 풀이 무성하게 자라는 거, 그걸 운이라 그러죠. 운운芸芸, 모든 만물이 무성하게 자라서 푸릇푸릇하게 파란 나무가 되는데, 계속 어떻게 되나 하고 따라가 보면, 가을이 되어 또 다시 열매가 무르익고, 그 무르익은 열매는 땅으로 떨어져서 뿌리로 들어가고. 이게 한 바퀴 도는 거죠. 각귀기근各歸其根이야. 다 땅 속으로 돌아가. 뿌리로 돌아가는 거지. 귀근왈정歸根曰靜, 땅 속으로 돌아가면 또 다시 고요하게 되는 거지. 정왈복명靜曰復命, 그렇게 고요하게 됐다가 봄이 오면 새싹이 또 나오는 거지. 새로운 생명이 돋아나는 거지.

    기독교에서는 십자가·부활, 그렇게 생각하는데 이 사람들은 그렇게 생각 안 해. 땅으로 한 번 돌아갔다가는 봄에 새로 나온다. 땅으로 돌아가려면 거저 땅으로 돌아갈 수는 없지. 실존이 돼야지. 열매가 무르익어야지. 열매가 무르익어야 땅으로 돌아가지, 열매가 익지 않으면 그냥 나뭇가지에 붙어 있지, 땅으로 돌아갈 수 없는 거죠.

기독교에서는 실존이 돼야 십자가를 질 수 있지, 실존이 안 되면 십자가를 질 수 없어요. 밀알 한 알이, 실존이 땅에 떨어져야 백배도 되고 천배도 되지, 밀알 한 알이 땅에 떨어지지 못하면 쭉정이지. 쭉정이가 되면 그냥 나뭇가지에 걸려 있는 거지.

그러니까 무르익는다는 것이 실존철학에서는 아주 중요한 문제가 돼요. 사람이 무르익는다. 미술 그래도 미술이 무르익었다. 철학 그러면 철학이 무르익었다. 과학, 과학이 무르익었다. 아까도 '아주 옛날에 참 좋은 선생님' 하는 건 어떤 선생님인가 그러면 무르익은 사람들이지. 과학에 무르익고, 철학에 무르익고, 예술에 무르익고, 그런 사람들이니까 그 밑에서 새로운 싹들이 자꾸 터나오지, 그렇지 않으면 안 되지요. 그러니까 이렇게 무르익는다는 게 자꾸 중요하게 되죠.

여기선 그냥 일음일양위지도一陰一陽謂之道라 이렇게 되니까. 언제나 가을이 오면 다시 봄이 오는 거, 이것이 도道라 이렇게 되니까, 이건 자연철학이지요. 자연철학에서도 마찬가지죠. 역시 가을에 열매가 무르익어야 다시 봄에 솟아나는 거지.

뿌리로 돌아가면 고요해졌다가 다시 봄이 오면 새싹이 트는 거죠.

복명왈상復命曰常, 새싹이 터야 또 꽃이 피고, 잎사귀가 나고, 열매가 맺고, 또 땅에 떨어지고, 이렇게 해야 이게 영원이 되는 거지. 영원히 돌아가는 거죠. 복명왈상復命曰常, 그렇게 돌아가는 것이 영원이란 거지.

지상왈명知常曰明, 그 영원이라는 걸 알아야 명, 이것이 깨달은 거다. 죽었다 그러면 죽으면 끝이다 이렇게 생각하면 그건 깨달은 게 아니야. 그건 분별지야. 그건 생과 사를 분별해서 말하는 거지. 그러나 통일지는 생과 사를 분별하지 않아. 생후에는 또 사가 있고, 사후에는 또 생이 있고. 물론 몸은 다르지만 기독교에서도 육체가 죽으면 다시 영체로 산다 그러지요.

요전에 장자를 공부했을 때, 인생은 배우는 때라. 우리가 죽은 후에는 다시 선생으로 산다. 그래서 죽는다고 하는 걸 졸卒이라, 졸 자를 썼어요. 이건 학교를 졸업하는 거지. 졸업해서 뭐가 되나? 선생이 되는 거다. 그것이 장자의 사상이지요.

이것도 다 같은 생각이지요. 죽으면 다시 선생이 되는 거다. 학생으로 끝나는 게 아니다. 그래서 인생이란 죽는 날까지 배워야 한다.

공자도 인생은 죽는 날까지 배워서 점수가 좋아야 선생 되지, 점수 나쁘면 취직도 못 하죠. 죽는 날까지 배워야 한다. 공자도 아주 철저하지요. 주자 같은 사람은 죽는 순간까지 공부했다는 거지. 죽는 날까지 배우고 죽는 시간까지. 그렇게 해야 죽은 후에 다시 선생으로 다른 사람을 가르칠 수 있다, 이런 사상이거든.

이건 살아서만 남을 위하는 게 아니라 죽어서도 남을 위한다는 사랑의 정신으로 결국 그런 철학을 만들어내는 거지요. 여기서도 일음일양위지도라. 학생이 끝나면 선생이 되는 거죠. 학생이 끝나면 그걸로 끝이 아니다. 이렇게 해서 이 삶이라고 하는 건 영원한 거지. 삶이란 영원한 거야.

아까도 그랬지만 석가 같은 사람 하나 나오는 데 8억 년이 걸려서 나왔다, 이런 사상이 나오는 거죠. 생이라고 하는 건 영원한 거죠. 일 대 살아가지고 되는 게 아니다. 또 그다음에 선생이 나왔다가, 또 학생이 됐다가, 또 선생이 됐다, 학생이 됐다, 자꾸 이렇게 수십 년, 수천 년, 수백 년, 수억 년 가야 뭐가 되지, 그렇지 않으면 안 된다.

우리가 구석기 시대에서 내려오는 데도 얼마나 오랫동안 공부했겠어요. 앞으로도 얼마나 오랫동안 해야 산불 하나 내지 않고 제대로 살겠어요. 이게 다 영원한 거지, 그렇게 갑자기 되는 건 아니죠.

우리가 텔레비전 보는 거 간단한 것 같지만 이 텔레비전 하나 나오는 데 몇 만 년, 몇 억 년 걸려서 나오는 거지, 이게 쉽게 나오는 게 아니죠.

자, 그래서 이런 사람들은 영원을 아는 것, 그것이 아는 거다. 그것이 깨닫는 거다, 라고 말하고 있는 거죠.

부지상不知常. 망작흉妄作凶.

부지상不知常, 영원이라는 걸 알지 못하면 망작흉妄作凶, 죽으면 끝이다, 그렇게 생각하게 되면 사람이라는 게 아주 망령된 짓을 한다. 죽으면 끝이 아니다 그래야 우리가 죽기까지 공부하지, 죽으면 끝이다 그러면 놀자, 놀자, 젊어서 놀자. 늙으면 또 놀자 이러지, 공부할 놈이 어디 있어요. 망작흉妄作凶이다. 아주 망령되이 야단치다가 멸망하고 만다.

지상용知常容. 용내공容乃公.

지상용知常容, 이 영원이라는 걸 알게 돼야 죽음을 처음으로 용납할 수 있게 된다. 죽음을 용납한다는 게 굉장히 어려운 거죠. 사람이 무르익어야 죽음을 용납하게 되지, 무르익지 않으면 죽음을 용납하지 못하죠. 무르익는다고 생각해도 좋고, 도에 통해야 죽음을 용납하게 된다고 생각해도 좋고.

공자도 아침에 도를 들으면 저녁에 죽어도 좋다. 아침에 도를 통하면 이 죽음이라는 게 문제가 안 돼. 저녁에 죽어도 좋고, 대낮에 죽어도 좋고, 아무 때 죽어도 좋아. 도에 통한다는 게 뭔가 하면 일음일양위지도거든. 죽음으로 끝이 아니고 그다음에 또 있다 이거거든. 그래야 영원한 생명이지, 그렇지 않으면 일생 70년 밖에 없다 이렇게 된다. 사람은 영원을 사는 거다, 그런 뜻이지요. 지상용知常容, 죽음을 용납하면 다 용납할 수 있죠. 용내공容乃公, 죽음을 용납하기 시작하면 올바로 살게 되지. 공정이라는 거지.

공내왕公乃王. 왕내천王乃天.
천내도天乃道. 도내구道乃久. 몰신불태沒身不殆.

올바로 살게 돼야 공내왕公乃王, 사람은 왕이 된다. 왕내천王乃天, 왕이 된다는 건 주체가 된다, 자기의 주체로서 살 수 있다는 말이죠.

천내도天乃道, 주체로서 살게 돼야 하늘을 알게 된다. 기독교로 말하면 하나님의 뜻이 뭔지를 알게 된다는 것이죠. 하나님의 뜻이 뭔지를 알게 돼야 진리가 뭔지를 알게 된다. 도내구道乃久, 진리가 뭔지 알게 돼야 영원이 뭔지 알게 된다. 아까도 그랬지만 아침에 도를 들으면 저녁에 죽어도 좋아. 몰신불태沒身不殆, 몰신沒身, 아침에 죽어도 불태不殆야. 아무 걱정이 없어. 위태로운 게 아무것도 없어.

그러니까 여기서는 이 "지상知常"이 제일 중요하죠. 우리가 이 '상常'이라는 걸 알아야 한다. 요샛말로 하면 하나님을 알아야 뭘 아는 거지, 사람만 알아가지고는 안다고 할 수가 없다. 사람은 또 부모를 알아야 아는 거지, 부모를 모르면 사람이라고 할 수가 없다. 언제나 뿌리를 알아야 된다는 말이죠. 뿌리를 알아야 된다. 우리의 조상을 우리가 또 알아야 돼.

내가 늘 말하지만 원효도 알아야 되고, 퇴계도 알아야 되고, 다 알아야 돼. 그런 거 전연 모르고 요새만 알면 되나? 그렇지 않다. 이 뿌리를 안다는 데서 사람의 깊이가 생기는 거지, 그렇지 않으면 사람이 천박해지고 만다. 그건 뿌리 없는 나무가 되고 만다. 그냥 시들고 말지, 사는 게 아니다. 그래서 뿌리라는 게 상당히 중요하고, 뿌리로 가야 다시 살아나지, 뿌리로 안 가면 살아나지 않는다. 우리도 하나님 나라에 가야 다시 살아나지, 거저 이 땅에서 다시 살아난다, 그건 아니다. 언제나 뿌리라고 하는 거, 하나님이라는 거, 이런 데까지 가야 우리가 다시 살아나지, 그렇지 않으면 다시 살아나지 못한다, 그런 얘기죠.

권재구의

致虛. 致知之致也. 學道至於虛. 虛而至於極. 則其守靜也篤
矣. 篤. 固也. 能虛能靜. 則於萬物之並作. 而觀其復焉. 作
生也. 復. 歸根復命之時也. 此便是常無欲以觀其妙. 常有欲
以觀其竅. 芸芸. 猶紛紛也. 物之生也. 雖芸芸之多. 而其終
也. 各歸其根. 旣歸根矣. 則是動極而靜之時. 此是本然之理.
於此始復. 故曰復命. 得至復命處. 乃是常久而不易者. 能知
常久而不易之道. 方謂之明. 此便是道可道非常道. 名可名非
常名之意. 人惟不知此常久不易之道. 故有妄想妄動. 皆失道
之凶也. 知常則其心與天地同大. 何物不容. 旣能容矣. 則何
事不公. 王天下者卽此公道是也. 以公道而王. 則與天同矣.
天卽道也. 故曰王乃天. 天乃道. 久. 常也. 人能得此常道.
則終其身無非道也. 又何殆乎. 自天子以至庶人. 皆然.

치허 致虛. 치지지치야致知之致也.
학도지어허 學道至於虛. 허이지어극 虛而至於極.
즉기 수정야독의 則其守靜也篤矣.

치허극致虛極이란 말이 있으니까 치허를 설명하는 거죠. 치허는 치지지치야致知之致也라. 치致 자는 『대학』에 나오는 "격물치지格物致知"하는 그 '치致' 자나 마찬가지죠. 치는 도달한다, 이런 말이에요. 지知에 도달한다.

학도學道, 도를 배우는 사람은 지어허至於虛, 허에 도달해야 한다. 허에 도달해야 한다는 말은 요전엔 하늘이라 그랬죠. 하늘은 언제나 텅 비어있고, 땅은 언제나 가득 차있어. 가득 차있어서 정이라, 고요하다. 병 속에 물이 가득 차면 소리가 안 나. 물이 조금만 들어가 있으면 소리가 나. 가득 찼다, 만물이 가득 찼다. 요전에 하늘은 텅 비고, 땅은 가득 찼다 그랬는데, 사람으로 말하면 마음은 텅 비고, 몸은 가득 찼다. 몸이 가득 찼다는 것은 기운이 가득 찼다는 거지요. 이게 또 동양 사람들의 생각이죠.

언제나 마음은 텅 비어야지, 마음에 걱정근심이 가득 차면 괴롭지요. 언제나 마음은 텅 비어야 돼. 무심이라. 없을 무 자, 마음 심 자. 마음은 언제나 텅 비어야 돼. 그 대신 몸은 언제나 가득 차야 돼. 기운이 가득 차야 된다.

그걸 조금 더 나가서 학문의 세계가 되면 허虛는 원리라는 게 되죠. 원리라는 건 아무데도 걸림이 없는 거니까. 원리란, 요전에도 말했지만 과학의 원리, 철학의 원리, 종교의 원리, 예술의 원리, 다 원리라는 거죠. 원리는 허야. 텅 비었어. 아무것도 걸리는 것이 없는 게 허야. 상대성원리 그러면 어디나 통하지, 걸리는 데가 하나도 없다. 그래서 여기서는 원리라고 해두죠.

원리를 깨달으면 허이지어극虛而至於極 즉기수정야독의則其守靜也篤矣, 미술, 예술 그러면 작품이 나올 수가 있다. 원리를 깨달아야 작품이 나오지, 원리를 깨닫지 못하면 작품이 안 나온다. 과학으로 말하면 원리를 깨달아야 모든 도구들이 나오지, 그렇지 않으면 도구가 안 나온다. 원리를 깨달아야 허이지어극 虛而至於極 즉기수정야독의則其守靜也篤矣, 작품들이 나오게 된다.

독篤. 고야固也. 능허능정能虛能靜.
즉어 만물지병작則於萬物之並作. 이관기복언而觀其復焉.
작생야作生也. 복復. 귀근복명지시야歸根復命之時也.

독篤 고야固也, 고는 아주 고유한 작품들이 나오게 된다, 독특한 작품들이 나오게 된다는 거죠. 능허능정能虛能靜, 언제나 원리를 깨달아야 작품이 나올 수 있다. 원리와 작품이 둘이 아니다. 즉어만물지병작則於萬物之並作, 많은 작품이 나오지만 이관기복언而觀其復焉, 원리로 돌아가면 다 같은 거다. 작생야作生也 복復 귀근복명지시야歸根復命之時也, 원리로 돌아간다. 뿌리로 돌아간다. 모든 만물이 다 원리로 돌아간다. 그래야 또 작품이 나오게 된다.

차편시상무욕이관기묘此便是常無欲以觀其妙.
상유욕이관기규常有欲以觀其竅.

차편시상무욕이관기묘此便是常無欲以觀其妙 상유욕이관기규

常有欲以觀其竅. 이것은 노자 1장에 나온 말이지요. 상무常無 욕이관기묘欲以觀其妙 상유常有 욕이관기규欲以觀其竅 이렇게 읽을 수도 있고, 또 상무욕 이관기묘, 상유욕 이관기규 이렇게 읽을 수도 있죠.

상무 하는 거는 마음이 텅 비어야, 관기묘라. 그 묘한 원리를 아는 거다. 묘지妙知라는 거죠. 마음이 텅 비어야 그 묘한 원리를 발견할 수 있다. 마음에 근심걱정이 꽉 차 있으면 원리 같은 건 발견 못한다. 상유욕 이관기규, 몸에 기운이 꽉 차야, 아까 예술 그러면 예술의 기운이 꽉 차야, 피아노 그러면 피아노 치는 기운이 꽉 차야, 관기규, 그래야 아주 좋은 음악을 연주할 수 있다. 좋은 작품을 내놓을 수 있다. 좋은 도구를 발견할 수 있다. 뭐 아무케 말해도 되지요.

운운분분. 유분분야猶紛紛也. 물지생야物之生也.
수운운지다雖芸芸之多. 이기종야而其終也. 각귀기근各歸其根.
기귀근의旣歸根矣. 즉시동극이정지시則是動極而靜之時.

운운분분 유분분야猶紛紛也, 운운이란 말은 아주 복잡다단하다는 말이다. 물지생야物之生也, 물건이, 만물이 자랄 때는 수운운지다雖芸芸之多, 아주 복잡다단하게 풀도 나오고, 나무도 나오고, 꽃도 피고 많이 나온다. 이기종야而其終也 각귀기근各歸其根, 그러나 끄트머리에 가면 다 뿌리로 돌아간다. 작품들이 많이 나오지만 결국은 하나의 원리로 돌아간다는 거죠. 뿌리로 돌아간는 말은 주역에 나오는 말이죠. 혹은 태극도설 맨 처음에 나오는 말이죠.[2]

기귀근의旣歸根矣 즉시동극이정지시則是動極而靜之時, 극하면 정이 된다. 작품이 자꾸 나오지만 모두 그 원리로 돌아간다, 그 소리나 마찬가지죠. 또 시간이 많이 걸리니까 하루 종일 일하면 밤에는 자야 된다, 그렇게 설명할 수도 있지요. 그러나 오늘은 그저 간단하게 모든 작품은 원리로 돌아간다, 그거 하나만 생각하죠.

> 차시본연지리此是本然之理. 어차시복於此始復.
> 고왈복명故曰復命. 득지복명처得至復命處.
> 내시상구이불역자乃是常久而不易者.

차시본연지리此是本然之理, 뿌리로 돌아간다고 하는 게 본연지리, 원리라는 말이다. 어차시복於此始復, 이 원리를 깨달아야 작품이 시작된다. 고왈故曰, 그렇기 때문에 복명復命, 다시 또 작품을 하게 된다. 득지복명처得至復命處, 그러다가 작품이 최고에 달하면 내시상구이불역자乃是常久而不易者, 또 원리로 돌

---

2. 주렴계의 「태극도설」은 주자의 『근사록』 제1장에 실려 있는 글이다. "濂溪日 無極而太極 太極動而生陽 動極而靜 靜而生陰 靜極復動 一動一靜 互爲其根 分陰分陽 兩儀立焉." 「태극도설」 전문에 대한 해석과 풀이를 다음 책에서 볼 수 있다. 김흥호, 『주역강해』, 권3(서울: 사색출판사, 2003/04), pp. 337~46.

아간다. 영원히 불변하는 원리로 또 돌아간다. 지금 계속해서 이 원리와 작품, 그 관계를 말하는 거죠.

능지상구이불역지도能知常久而不易之道. 방위지명方謂之明.
차편시도가도비상도此便是道可道非常道.
명가명비상명지의名可名非常名之意.

그래서 결론이 뭔가 그러면 능지상구이불역지도能知常久而不易之道, 상무라는 건 원리라고 생각하고, 영원히 가는 원리를 알아야 되고, 방위지명方謂之明, 영원히 변하지 않는 작품을 또 알아야 된다. 루브르 박물관에 가면 비너스 같은 거 언제 조각했는지 모르지만 지금도 계속 전시하고 있지요. 로마의 성 베드로 성당에 가면 미켈란젤로 작품이 그대로 남아있어요. 원리도 영원하지만 작품도 또 오래 가는 거지. 인생은 짧지만 예술은 길다 이렇게 되는 거죠. 그러니까 둘을 다 알아야 한다. 원리만 말해도 안 되고, 작품만 말해도 안 되고, 원리와 작품 둘 다 알아야, 그래야 진짜 아는 거다. 밝을 명 자, 진짜 아는 거다.

차편시도가도비상도此便是道可道非常道, 이것도 노자 1장에 나온 거죠. 명가명비상명지의名可名非常名之意, 도가도비상도는 원리를 깨달았단 말이고, 명가명비상명은 작품이 나왔단 말이죠. 작품도 정말 명작이야. 유명한 작품이 나왔단 말이지.

인유부지차상구불역지도人惟不知此常久不易之道.
고유망상망동故有妄想妄動. 개실도지흉야皆失道之凶也.
지상즉기심여천지동대知常則其心與天地同大.
하물불용何物不容. 기능용의旣能容矣. 즉하사불공則何事不公.

인유부지차상구불역지도人惟不知此常久不易之道, 사람이 만일 이 원리와 작품을 알지 못하면 고유망상망동故有妄想妄動, 아주 망상에 빠지게 되고, 작품을 못 내게 되고, 망동하고 만다 이거지요. 그래서 개실도지흉야皆失道之凶也, 예술이건, 종교건, 철학이건 다 그만 실패하고 만다.

지상知常, 원리를 깨달으면 즉기심여천지동대則其心與天地同大, 그 마음이 한없이 넓어진다. 원리 속에는 뭐든 다 포섭이 되니까, 그 마음이 한없이 넓어진다. 마음이 한없이 넓어지니까, 하물불용何物不容, 무엇을 용납 못하겠는가? 기능용의旣能容矣, 뭐든 다 용납할 수 있다. 즉하사불공則何事不公, 그렇게 돼서 작품이 나오면 어디 사사로운 것이 있겠는가? 다 공공한 작품이 되고 만다. 미켈란젤로의 작품은 미켈란젤로의 것이 아니라 우리 인류의 것이 되고 만다.

왕천하자즉차공도시야王天下者即此公道是也.
이공도이왕以公道而王. 즉여천동의則與天同矣.
천즉도야天卽道也. 고왈왕내천故曰王乃天. 천내도天乃道.

왕천하자즉차공도시야王天下者即此公道是也, 천하의 왕이 된 사람, 왕이 됐다 그래도 되고, 천하의 악성이라든가, 미술가라든가, 철학자라든가 이런 사람들, 그런 사람들이 세계적인 작품을 만드는 사람들이다. 이공도이왕以公道而王, 그런 작품들을 남겨서 세계적인 미술가가 됐다. 미술가가 되면 즉여천동의則與天同矣, 하늘의 모든 일을 그 사람은 깨달은 사람이다. 그러니까 천즉도야天即道也, 원리를 깨달으면 작품이 나온다. 다 같은 말이죠. 고왈故曰, 그렇기 때문에 왕내천王乃天, 왕은 언제나 원리를 깨달은 사람이고, 천내도天乃道, 원리를 깨달으면 또 작품을 할 수 있는 사람이고.

구久. 상야常也. 인능득차상도人能得此常道.
즉종기신 무비도야則終其身無非道也. 우하태호又何殆乎.
자천자이지서인自天子以至庶人. 개연皆然.

구久는 상야常也다. 인능득차상도人能得此常道, 사람이 능히 원리를 깨닫고 작품도 할 수 있는 그런 경지에 가면 즉종기신則終其身, 늙어서 죽기까지 무비도야無非道也, 도 아닌 건 없다. 일체가 원리요, 일체가 작품이다. 추사 그러면 추사가 쓴 글은 무슨 글이든지 다 작품이다. 왜? 추사는 추사체라고 하는 하나의 원리를 체득한 사람이거든.

우하태호호又何殆乎, 그러니까 어디에 위태로운 것이 있겠는가? 자천자이지서인自天子以至庶人, 왕으로부터 백성들에 이르기까지 다 원리를 알 수 있어야 되고, 작품을 할 수 있어야 되지, 우린 자꾸 크게 생각하는데, 크게건 작게건 다 그렇게 해서 자기는 자기대로 살아야지, 개연皆然, 남에게 의지해서 살면 안 된다.

소자유의 주

易曰窮理盡性以至於命. 聖人之學道·必始於窮理中於盡性·終於復命. 仁義禮樂·聖人所以接物而其用·必有所以然者. 知其所以然後行之·君子. 聖人外不爲物所散. 其性湛然. 不勉而中. 不思而得. 物至而能應. 此之謂盡性. 天之命曰命. 以性接物·而不知其爲我·是以寄之命. 謂復命.

역왈궁리진성이지어명 易曰窮理盡性以至於命.

오늘 여기에 나오는 것은 이 "복명復命"이라고 하는 걸 설명하기 위해서 나오는 거죠. 복명이란 무슨 뜻인가 하는 거죠.

역왈易曰, 『주역』에 나오는 말이지. 『주역』의 〈설괘전〉, 맨 마지막에 나와요. 〈계사〉 지나서 한참 더 내려가서 〈설괘전〉에

"궁리진성이지어명窮理盡性以至於命" 이게 나오죠.[3] 『맹자』에도 또 나오죠, 같은 말이. 존심양성사천存心養性事天, 그렇게 나왔던 것 같아요.[4] 궁리진성이지어명, 궁리라는 건 요샛말로 하면 과학이지. 진성은 철학이지. 지어명은 요샛말로 종교지. 하나님의 명령에 따라 사는 거니까.

성인지학도聖人之學道·
필시어궁리중어진성必始於窮理中於盡性·종어복명終於復命.

성인지학도聖人之學道, 성인이 도를 배울 때는 필시어궁리必始於窮理, 제일 처음에 중요한 것이 궁리다. 자꾸 연구하고 생각하고 그런 거, 그것이 궁리다. 그다음에는 중어진성中於盡性이라. 자기의 소질을 최대한 발휘하는 것, 그것이 진성이다. 그렇게 하고 종어복명終於復命. 마지막에 가서는 복명이라. 하나님의 명령으로 돌아가는 것, 하나님의 명을 실천하는 것, 그것이 복명이다.

인의예악仁義禮樂·성인소이접물이기용聖人所以接物而其用·
필유소이연자必有所以然者.

---

3. 김흥호, 『주역강해』 권3, p. 292 참조.
4. 『맹자』, 〈진심 상〉, 제1장: "孟子曰, 盡其心者, 知其性也. 知其性則知天矣. 存其心, 養其性, 所以事天也."

인의예악仁義禮樂이야. 종교건 철학이건 과학이건 예술이건 이런 것이 성인소이접물聖人所以接物, 소위 우리가 하는 내용이라 이거지. 과학은 자연을, 철학은 인생을, 종교는 하나님을, 예술은 예술의 세계를, 그것이 접물이라는 거지요. 『대학大學』에서는 격물格物이라 이런 말도 써요. 격물이나 접물이나 다 같아요. 이기용而其用 필유소이연자必有所以然者, 그렇게 연구를 해가노라면 반드시 그 원인, 까닭, 그런 것이 있다. 상대성원리 그런 거, 왜 하늘은 저렇게 돌아가나? 까닭이 있어서 그렇다. 까닭이 있어서 그렇다는 것이 지금 상대성원리라는 거죠. 왜 사과가 떨어지나? 만유인력의 법칙이 있어서 사과가 떨어진다. 그런 소이연이라는 것, 그 까닭이지. 그렇게 되는 까닭이 있어서 그렇게 되는 거다. 과학 그러면 과학에도 그런 원리가 있다. 철학에도 그런 원리가 있다. 그런 원리를 알아야 과학이면 과학을 할 수 있는 거다.

지기소이연 후행지 知其所以然後行之 · 군자君子.
성인외불위물소폐 聖人外不爲物所蔽. 기성담연 其性湛然.
불면이중 不勉而中. 불사이득 不思而得.
물지이능응 物至而能應. 차지위진성 此之謂盡性.

지기소이연후행지知其所以然後行之, 그 원리를 알아야 텔레비전도 만들 수 있고 뭐도 만들 수 있지, 그 원리를 모르면 만들 수가 없다. 그것을 안 후에 행하는 자가 군자君子다.

성인외불위물소폐聖人外不爲物所蔽 기성담연其性湛然, 철학이 뭔가? 성인은 밖에 있는 물건 때문에 자기의 이성이 가리어지는 일이 없다. 언제나 이성이 깨끗하지. 생각할 수 있는 사람이지. 그만 욕심에 젖어서 아무 생각도 못하고, 그렇게 되면 안 된다. 성인외聖人外, 성인은 밖으로 불不 위물爲物, 물건 때문에 소폐所蔽, 자기의 생각이, 마음이 가리어지는 법이 없다. 기성담연其性湛然, 그 사람의 정신이, 그 사람의 이성이 닿으면 깨끗해져. 깨끗해서 불면이중不勉而中, 그렇게 노력하지 않아도 웬만큼 생각하면 벌써 딱 들어맞는다. 그리고 불사이득不思而得, 생각하지 않아도 깨달아지는 게 자꾸 생기게 된다.

그래서 물지이능응物至而能應, 무슨 사건이 나오든지 거기에 능히 대처할 수 있는 그런 힘을 가지게 된다. 그런 힘을 가지게 돼야 차지위진성此之謂盡性, 우리가 철학했다 그렇게 말할 수 있다.

철학이라는 건 우리가 뭐든지 생각을 해서 해결할 수 있는 능력을 가져야 철학했다 그러지, 그렇지 않으면 철학했다 할 수가 없죠. 다른 학문도 다 마찬가지예요.

천지명왈명 天之命曰命.
이성접물 以性接物·
이부지기위아 而不知其爲我·

시이기지명是以寄之命. 위복명謂復命.

천지명왈天之命曰 명命, 그리고 맨 마지막에 가면 종교의 세계인데, 종교의 세계란 뭔가? 하나님의 명령을 따르게 된다는 것이다. 하나님의 말씀을 따르게 된다는 거죠. 명命, 하나님의 명령이다.

이성접물以性接物, 내 철학적인 이성을 가지고 세상의 모든 물건을 상대한다. 상대하는데, 이부지기위아而不知其爲我, 거기에는 내가 한다, 그런 생각이 없다. 그런 생각이 없으면 이건 내가 하는 게 아니라 하나님이 한다, 그렇게 생각하게 된다.

아까도 봄에 싹이 텄다. 그건 내가 트게 했다 그게 아니야. 그건 봄이 돼서 튼 거지. 또 봄이 돼서 튼 게 아니야. 태양이 가까워지니까 튼 거지. 싹이 제 힘으로 튼 게 아니야. 태양이 트게 해준 거지. 그렇게 되잖아요? 태양이 트게 해준 거다.

예수가 부활했다 그러면 예수가 부활한 게 아니야. 하나님이 부활시켜 줬으니까 부활했지. 그러니까 하나님만 있지, 예수는 없어. 이것이 아까도 자꾸 내가 없다, 내가 없다 하는 거지. 다 하나님의 힘으로 되는 거지. 나무가 자랐다는 거는 나무가 제 힘으로 자라는 게 아니야. 태양이 자꾸 위에서 잡아끄니까 자라는 거지. 태양의 힘으로 되는 거지, 제 힘으로 되는 게 아니야.

이렇게 돼야 이게 대승불교가 된다. 기독교도 복음이라는 게 그거지요. 내 힘으로 되는 게 아니야. 다 하나님의 힘으로 되는 거지. 하나님의 힘을 느끼게 될 때 우리가 종교라 그러지요. 내 힘으로 된다 그러면 그건 과학이지 종교랄 게 없지요. 과학이란 것도 사실은 내 힘으로 되는 것이 아니죠. 거기도 또 만유인력으로 되는 거죠. 내 힘으로 되는 것도 아니죠. 언제나 나, 나 할 때가 소아의 시대라. 나라고 하는 게 없어져서 무아가 돼야 한다. 무아가 돼야 다시 대아가 된다. 소아에서 무아로, 무아에서 대아로, 이렇게 발전해야 그것이 사람이지요.

과학에서 철학으로, 철학에서 종교로 그렇게 발전해야지, 그렇지 않고 과학 없는 철학, 철학 없는 종교, 이렇게 되면 안 된다. 이게 다 연결이 돼야지. 부지기위아不知其爲我, 내가 했다, 그런 생각이 없어.

시이기지명是以寄之命, 이거는 하나님이 해주셨다. 기지寄之라는 건 하나님께 의지한다. 하나님이 해주신다, 그렇게 생각이 된다. 그렇게 생각이 돼야 위복명謂復命, 그게 종교의 세계다.

이 사람은 복명을 종교의 세계라 이렇게 해석했어요. 이건 지금 소자유의 생각이죠. 이 사람은 이렇게 생각했지만, 저 사람은 또 저렇게 생각하고, 우리가 다 그 생각들을 합쳐보는 거죠.

초횡의 주

복귀기근 復歸其根·
즉일체제념당처적멸 則一切諸念當處寂滅·
불구정이자정 不求靜而自靜·내진정 乃眞靜.
복명작이무작 復命作而無作·위지진상 謂之眞常.

복귀기근復歸其根, 이건 또 초횡이라는 사람의 생각이지. 복귀기근, 그 뿌리로 돌아간즉 일체제념一切諸念, 모든 생각이 당처적멸當處寂滅, 다 없어지고 말아. 이젠 내 생각이 아니야. 그 다음엔 하나님의 뜻에 따르고 만다. 모든 생각이 적멸이야. 다 없어지고 말아. 불이 꺼지듯이 그냥 없어지고 말아. 불구정이자정不求靜而自靜, 내가 무슨 고요하려고 그러지 않아도 저절로 고요해진다. 내가 나라고 우기지 않아도 저절로 내가 된다. 내 진정乃眞靜, 그것이 진짜 고요해지는 거다.

복명復命이라는 건 뭔가? 작이무작作而無作, 싹이 트는 것, 내 힘으로 튼 게 아니야. 태양의 힘으로 튼 거야. 작이무작作而無作이야. 내가 했어도 내가 한 게 아니야. 내가 한 게 아니고 누가 했나? 태양이 한 거지. 태양이 했다는 게 뭔가? 하나님이 했다는 거지.

하나님이 했다는 걸 알아야 위지진상謂之眞常, 그것이 진상眞常이야. 그것이 진짜 영원한 거야. 영원은 누가 영원한가? 하나님이 영원한 거지, 내가 영원한 건 아니야. 나뭇잎은 봄에 났다가 겨울이 되면 시들지만 태양은 영원한 거야. 그 영원한 태양으로 봄이 되면 또 싹이 트게 되고, 가을이 되면 또 떨어지고, 그래서 진상이야.

기독교로 말하면 하나님이 진상이지, 다른 게 진상이 아니죠. 나는 진상이 아니다, 그 소리지.

제17장

진짜 대통령

백성들이 말하기를, 다 내 덕으로 살지,
대통령 덕으로 사는 게 아니다.
그렇게 대통령이 있는지도 모르게 돼야
진짜 대통령이다.

第十七章 太上

太上下·知有之. 其次親之. 譽之. 其次畏之. 其次侮之.
故信不足焉·有不信. 猶兮其貴言.
功成事遂. 百姓皆曰我自然.

태상하太上下·지유지知有之.

태상太上, 최고의 왕은 하下, 백성들이 지유지知有之, 그저 왕이 있다 그것만 알지, 왕이 누구다 그건 알지 못한다.[1]

내가 요전에도 말했지만 스위스에 가서 너희 대통령이 누군가 그러니까 우리나라에선 대통령 아는 사람 아무도 없다. 왜? 장관들이 1년씩 돌아가면서 하니까. 그러니 이번엔 어느 장관이 대통령 됐는지 알게 뭐냐. 스위스는 정말 복 받은 나라지. 대통령이 누군지 알 수도 없어. 그래도 다들 그렇게 잘 살더라고. 하지유지下知有之야. 백성들이 왕이 있다는 것만 알지, 누군지

1. 〈제16강 2005년 5월 15일〉

는 모른다.

　　기차친지其次親之. 예지譽之.
　　기차외지其次畏之. 기차모지其次侮之.

　기차친지其次親之, 그다음으로 어떤 사람이 좋은 대통령인가 하면 정말 백성들이 친하게 우리 대통령, 우리 대통령 해야 좋은 대통령이야. 예지譽之야. 아주 칭찬하는 대통령, 그런 대통령이 좋은 대통령이야. 그다음에는 뭔가? 기차외지其次畏之, 무섭다 하는 대통령이 그다음이야. 이건 좋은 대통령이 아니죠. 무섭다. 기차모지其次侮之, 그다음에 에이 뭐 그까짓 게 대통령이야. 아주 수모해 버리고 말지. 수모해 버린다고 하는 모 자죠. 이렇게 대통령이라는 게 여러 가지 있다.

　　고신부족언故信不足焉·유불신有不信. 유혜기귀언猶兮其貴言.

　고신부족언故信不足焉, 그러니까 대통령이란 절대적으로 믿을 수 있어야지, 믿을 수 없는 대통령은 대통령이라고 할 거 없다. 그런데 유불신有不信, 믿을 수 없는 사람들이 나와 가지고는 유혜기귀언猶兮其貴言, 자꾸 자기의 말을 들으라고 야단친다. 자기의 말을 자꾸 들으라고 한다. 그래서 신문에도 자주 나고, 텔레비전에도 자주 나오고, 들어봤댔자 아무 쓸데없는 말들을 자꾸 한다.

공성사수功成事遂. 백성개왈아자연百姓皆曰我自然.

그런데 어떻게 해야 진짜 좋은 대통령이 되나? 실제로 공성사수功成事遂가 돼야지. 지금 경제가 바닥이 났다 그러면 정말 바닥 안 나게, 그렇게 공을 이루고 일을 만들어 가야지, 그저 경제가 좋아질 거다, 좋아질 거다, 말로만 하면 안 되죠. 텔레비전 보면 아침에 꽃피는 광고가 자꾸 나오거든. 그래서 이제 꽃이 피듯이 좋아진다, 좋아진다, 자꾸 좋아진다고 말로만 하면 뭘 해. 공성사수功成事遂가 돼야지. 진짜 좋아져야지.

백성개왈百姓皆曰, 백성들이 말하기를 아자연我自然, 내 덕으로 살지, 대통령 덕으로 사는 게 아니다. 그렇게 대통령이 있는지도 모르게 돼야, 그래야 그게 진짜 대통령이다, 그런 말이지요.

권재구의

太上. 言上古之世也. 下. 天下也. 上古之時. 天下之人. 但知有君而已. 而皆相妄於道化之中. 及其後也. 民之於君. 始有親譽之意. 又其後也. 始有畏懼之意. 又其後也. 始有玩侮之意. 此言世道愈降愈下矣. 上德旣衰. 誠信之道. 有所不足. 故天下之人. 始有不信之心. 此商人作誓民始叛. 周人作會民始疑之意. 民旣不信矣. 而爲治者猶安然以言語爲貴. 故有號令敎詔之事. 豈不愈重民之疑乎. 猶夷猶也. 猶兮. 乃安然之意. 太上之時. 功旣成矣. 事旣遂矣. 天下之人. 陰受其賜. 而不自知. 皆曰我自然如此所謂帝力於我何加是也. 旣謂貴言之非. 而以此一句結之. 是傷今而思古也.

태상太上. 언상고지세야言上古之世也.
하下. 천하야天下也. 상고지시上古之時.

태상이라는 말은 옛날이란 말이에요. 태상太上 언상고지세야言上古之世也, 중국 사람들은 언제나 옛날이라고 하는 게 이상세계죠. 하下 천하야天下也 상고지시上古之時, 옛날에 요임금, 순임금, 우임금이 있었다. 그때가 제일 이상세계다.

천하지인天下之人. 단지유군이이但知有君而已.
이개상망어도화지중而皆相妄於道化之中.

천하지인天下之人 단지유군이이但知有君而已, 옛날에 천하 사람들이 요임금, 순임금, 우임금이 있는 것만 알았지 뭘 하는지 그건 몰랐다. 집안으로 말하면 아이들은 부모가 있는 줄만 알지, 부모가 뭘 하는지 모른단 말이죠.

이개상망而皆相忘, 요건 망령될 망忘 자가 아니고 잊을 망 자지요. 어도화지중於道化之中, 어머니의 사랑 속에서 다 잊어먹고 살고 있다. 그러니까 아이들은 아버지가 뭐하는지, 어머니가 뭐하는지 알 필요가 없지. 그냥 맡기고 자기는 다 잊어먹고 살고 있다. 그것이 이상세계다.

급기후야及其後也. 민지어군民之於君.
시유친예지의始有親譽之意.

그런데 아버지 어머니가 뭘 하는지 알게 되면 그것은 이상세계가 아니다. 급기후야及其後也, 그다음에는, 이상세계가 안 되면 민지어군民之於君 시유친예지의始有親譽之意, 백성들이 임금에 대해서 생각하기를, 칭찬을 해줘야 되겠다, 존경을 해야 되겠다 그런 생각을 가지게 된다. 이건 친모가 아니죠. 계모지요. 계모쯤 되면 엄마한테 칭찬 좀 해줘야 되겠다. 엄마하고 좀 친해져야 되겠다 이러지요. 친모가 되면 칭찬이니 무슨 그런 거 없지요. 아이들이 엄마를 칭찬할 게 뭐 있어요.

우기후야又其後也. 시유외구지의 始有畏懼之意.
우기후야又其後也. 시유완모지의 始有玩侮之意.

우기후야又其後也, 그보다 더 낮아지면 그다음에는 무서워하게 된다. 계모인지, 양모인지 모르지만 시유외구지의始有畏懼之意, 때리고 야단치고 그러니까 무서워하고 두려워하게 된다. 우기후야又其後也 시유완모지의始有玩侮之意, 그다음에는 아주 무시하고 모독한다.

차언세도유강유하의 此言世道愈降愈下矣.
상덕기쇠上德旣衰. 성신지도誠信之道. 유소부족有所不足.

차언세도此言世道 유강유하의愈降愈下矣, 세상이 자꾸 나빠져서 상덕기쇠上德旣衰, 진짜 사랑은 다 없어지고 성신지도誠信之道, 정직과 믿음, 아버지 어머니 그럴 때는 정직과 믿음이거든. 좋은 세상이 되면 온 나라가 정직과 믿음이죠. 요새 우리나라에서는 자꾸 사기꾼만 나오고, 이렇게 되면 믿을 수가 없는 거지. 그러니까 성신지도誠信之道가 유소부족有所不足이야. 없어지고 마는 거지.

사회에 제일 중요한 게 정직과 신용인데 그 정직과 신용이 없어지면 사회라는 게 될 수가 없지요. 다 사기판이 되고 만다, 그렇게 되지요. 정직과 신용. 관리들도 정직하게 일하면 온 국민이 다 믿지요. 근데 자꾸 부정직하게 하니까 믿을 수가 없지. 요 성신誠信이라고 하는 게 나라의 핵심이지요.

고천하지인故天下之人. 시유불신지심始有不信之心.
차상인작서민시반此商人作誓民始叛.

고천하지인故天下之人, 그렇기 때문에 천하 사람들이 시유불신지심始有不信之心, 애당초 나라를 믿지 못하게 되는 거지. 차상인此商人, 옛날 상商나라 때, 상나라는 보통 은殷나라 그러죠. 하夏 은殷 주周나라 할 때, 그 은이 상나라죠.[2]

그 상나라 때 왕들은 작서作誓, 절대 나는 거짓말 안 하겠다 그렇게 아주 맹세를 했다. 그렇게 맹세를 할 때 백성들은 오히려 믿지 못하는 거죠. 저런 도적놈, 그러고는 민시반民始叛, 반역하고 만다.

주인작회민시의지의周人作會民始疑之意.
민기불신의民旣不信矣.
이위치자유안연이언어위귀而爲治者猶安然以言語爲貴.

주인周人, 주나라 때가 되면 작회作會, 민주주의적으로 다

---

2. 상(商, BC 1600경~1046): 은나라를 세운 부족의 이름이 상으로서 학계에서는 상나라로 통일하여 부른다. 중국의 고대왕조는 전설상의 요순시대가 있고, 우임금이 하 왕조의 시작이다. 하나라의 걸왕이 은나라 탕왕에게 망했다고 한다.

모여서 나 어떻게 하겠다, 약속을 해. 그렇게 되면 백성들은 아, 저런 사기꾼 그리고 또 믿지를 못해. 그래서 민시의지의民始疑之意, 의심하게 된다.

민기불신의民旣不信矣, 백성들은 다 믿지 않는데 이위치자而爲治者, 다스리는 자만이 유안연猶安然, 그것도 모르고, 백성들이 믿지 않는지도 모르고, 이언어위귀以言語爲貴, 자기가 약속을 했으니까 그러고는 안심하고 만다. 백성들이 안 믿는지도 모르고.

고유호령교조지사故有號令教詔之事.
기불유중민지의호豈不愈重民之疑乎.
유이유야猶夷猶也. 유혜猶兮. 내안연지의乃安然之意.

고유호령故有號令, 그러고는 자꾸 무슨 성명을 발표하고 교조지사教詔之事, 요새는 뭐라 그러나, 하여튼 법령을 발표하고 다 그런다. 아마 호령號令 하는 게 법령이라 그러고, 교조教詔 그러는 게 요샛말로 성명을 발표한다. 요새 텔레비전에 나오는 거 다 그거지. 누구는 이렇게 말했다, 누구는 저렇게 말했다.

기불유중민지의호豈不愈重民之疑乎, 그렇게 되면 백성들이 더 윗사람을 못 믿게 되고 만다.

유이유야猶夷猶也, 요전에도 유라는 말이 나왔죠. 유는 주저한다는 뜻이죠. 유혜猶兮 내안연지의乃安然之意, 알지도 못하고 저 혼자 속아 넘어가고 있다. 백성들이 믿지 않는지도 모르고 저 혼자 잘난 체하고 있다.

태상지시太上之時. 공기성의功旣成矣. 사기수의事旣遂矣.

태상지시太上之時, 옛날에는 공기성의功旣成矣, 말이 아니라 그냥 공기성이야. 경제 그러면 경제를 그냥 발전시키는 거지, 말로만 발전시킨다, 좋아진다, 이런 게 아니야. 그냥 발전시키는 거야. 그냥 현실이야. 사기수의事旣遂矣, 정치 그러면 그대로 정직하게 법을 지키면서 해간다. 그냥 실천의 세계지 무슨 말하는 세계가 아니라 이거지. 공기성의, 다 된 다음에야 뭐 말할 필요도 없지.

천하지인天下之人. 음수기사陰受其賜. 이부자지而不自知.
개왈아자연여차소위제력어아하가시야皆曰我自然如此所謂帝力於我何加是也.

천하지인天下之人, 천하 사람들은 음수기사陰受其賜, 그 덕을 받는지도 몰라. 자기가 그 덕을 입고 있는지도 몰라. 이부자지而不自知, 자기는 아무것도 모르고 말하기를 개왈아자연여차皆曰我自然如此, 다 내가 잘나서 그렇다, 그렇게 생각한다. 다 저절로 이렇게 된 거다. 왕이 그렇게 하는지를 모르고 저절로 됐다, 이렇게 생각한다. 소위제력所謂帝力 어아하가시야於我何加是也, 왕이 나하고 무슨 상관이 있느냐. 왕은 나하고 아무 상관없다, 그렇게 생각한다.

기위귀언지비旣謂貴言之非. 이이차일구결지而以此一句結之.
시상금이사고야是傷今而思古也.

기위귀언지비旣謂貴言之非, 말로 하는 세상이 아니다. 이이차일구결지而以此一句結之, 그래서 요 한마디, 요 자연이라는 말 한마디로 결론을 지은 거다. 왕이 너무 잘하니까 다 자연이 되고 마는 거지. 누가 했는지도 모른다 이거죠. 시상금이사고야是傷今而思古也, 요새 세상이 너무도 기가 막히니까 옛날 생각을 하면서 이런 말을 한 거다.

육희성의 주

太古有德之君・無爲無迹・故下民知有其上而已・謂帝力何有於我哉. 德旣下衰・仁義爲治・天下被其仁故親之・懷其義譽之. 仁義不足以治其心・則以刑法爲政・故下畏之. 刑法不足以制其意・則以權譎爲事・故衆庶侮之. 於乎. 心之有乎謂之誠. 言之可復謂之信. 誠旣不乎. 言則不復. 而猶貴重爽言・謂之誠信可乎哉. 道德旣隱・仁義乃彰. 仁義不行・刑法斯作. 猶尊尙末術.

태고유덕지군太古有德之君·무위무적無爲無迹·
고하민지유기상이이故下民知有其上而已·
위제력하유어아재謂帝力何有於我哉.

태고太古, 옛날에는 유덕지군有德之君, 정말 실력 있는 사람이 대통령이었다. 중국 사람들은 언제나 실력 있는 사람이라 할 때 요임금, 순임금, 우임금을 자꾸 말해요. 소위 철인정치라는 거죠. 철인이 왕이 되든지, 왕이 철인이 되든지 하는 그것이 이 사람들의 대통령이지. 그래서 그것을 언제나 유덕지군, 철인이 왕이 됐다 이렇게 말해요.

무위無爲, 그 사람들은 뭘 한다 그런 게 없다. 그저 모르게. 어머니가 어린아이에게 뭐 말하고 하는 게 아니지. 그저 모르게. 모르게 씻어주고 먹여주고 다 하는 거지. 무위야. 하는 걸 아이들이 알 수가 없어. 무위야. 아이들이 볼 때 아무것도 하는 게 없어.

또 무적無迹이야. 그렇게 했다 그러고 뽐내지도 않아. 그저 그냥 젖 먹여주고 씻어주고 그러는 거지. 무위무적無爲無迹, 그래서 언제나 이 사람들은 어머니 같은 왕, 그게 진짜 왕이다, 늘 그렇게 아는 거지. 없을 무毋(無) 자 그러면, 어머니 모母 자나 같은 자로 생각하는 거지. 무위無爲, 어머니 같이 돼야 무적無迹, 뽐내지도 않고 그냥 무조건 되는 거지.

고故, 그렇기 때문에 하민下民, 아래 백성들이 지유기상이

이知有其上而已, 그저 엄마가 있다는 것만 알지 그 밖엔 아무것도 모른다. 그리고 말하기를 위제력謂帝力 하유어아재何有於我哉, 늘 나오는 말이지요. 격양가擊壤歌라는 거, 아침에 일어나 밭 갈아 밥 먹고, 우물 파서 물 마시고, 왕이 나하고 무슨 상관이 있느냐. 최고의 이상세계라 할 때는 늘 저 말이 나오죠. 제력, 왕의 힘이 하유어아재何有於我哉, 나하고 무슨 상관이 있느냐. 그렇게 돼야 이게 이상세계라.

덕기하쇠德旣下衰·인의위치仁義爲治·
천하피기인고친지天下被其仁故親之·회기의예지懷其義譽之.

그런데 차차 세상이 망하게 되면, 망가지게 되면 덕기하쇠德旣下衰, 자꾸자꾸 그런 어머니의 사랑이 없어지고 만다. 없어지고 그다음에는 인의위치仁義爲治, 동생들이, 형제들이 돌봐주기 시작한다. 늘 사랑한다느니, 난 널 바로잡겠다느니 그리고 자꾸 유위有爲의 세계가 나온다. 무위無爲의 세계가 아니고 유위의 세계가 나온다. 유위의 세계가 소위 인의仁義라고 하는 세계지.

너를 사랑한다 그러는데, 나는 서양 사람들이 밤낮 사랑한다고 하는 게 뭔지 몰라요. 밤낮 사랑한대. 요샌 또 그걸 배우려고, 엄마 사랑해요 그리고 텔레비전에도 밤낮 나오는데 사랑이 뭔지도 몰라. 우리 한국엔 사랑한단 말이 없어요. 사랑이 무슨 사랑이야. 그저 엄마는 그냥 엄마지, 무슨 사랑이야. 그렇지 않아요? 난 내 아내더러 당신 사랑합니다, 그래 본 적이 없어요, 일생 살면서. 사랑한단 말 안 해도 다 알아야지, 그걸 말해야 알게 되면 그게 바보지, 사람이라 할 게 뭐 있어요. 난 그래서 서양 놈들은 다 바보라고 생각해. 그렇게 말해야 아나? 말 안 해도 다 알아야지.

인의위치仁義爲治, 뭐 사랑하니, 올바르니, 이러고 나오기 시작하면 천하피기인天下被其仁, 천하는 그 사랑하는 것을 입어서 고故 친지親之, 친해진다 그리고 회기의懷其義, 바로 잡는 것을 받아서 예지譽之, 그 사람을 칭찬한다.

인의부족이치기심仁義不足以治其心·
즉이형법위정則以刑法爲政·고하외지故下畏之.

인의부족이치기심仁義不足以治其心, 인의 가지고 안 되면 그 다음엔 즉이형법위정則以刑法爲政, 형법을 가지고 때려야 되겠다. 형틀하고 법을 가지고 다스려야 되겠다. 그렇게 되면 고하외지故下畏之, 자꾸 무서워하게 된다.

형법부족이제기의刑法不足以制其意·즉이권휼위사則以權譎爲事·고중서모지故衆庶侮之. 어호於乎.

형법刑法 부족이제기의不足以制其意, 그런데 형법 가지고 안 된다. 형법 가지고 또 안 되니까 그다음에는 즉이권휼則以權譎위사爲事, 권權은 권모술수라는 거지요. 권모술수란 이렇게도 말해보고, 저렇게도 말해보고 자꾸 백성을 속이는 거지요. 휼譎 자는 속일 휼, 된다, 된다 그러고 자꾸 속이는 거지요.

어떻게 됐건 요새는 사기 아닌 게 없더라고. 철도공사도 사기라 하고, 또 어디도 사기라 그러고. 사기 아닌 게 하나도 없어요. 그런 걸 권휼이라, 자꾸 속인다. 속여서 백성들을 억지로 끌어가려고 하는 거죠. 고故로, 그렇게 되니까 중서모지衆庶侮之 어호於乎, 백성들이, 아주 못된 놈들 그러고 무시하고 만다. 모멸하고 만다.

심지유부위지성心之有孚謂之誠.

심지유부心之有孚, 언제나 마음에 진실이 있어야, 사람이란 마음에 진실이 있어야지, 거짓말로 해서는 안 된다 이거지. 유부有孚, 진실 부孚 자. 계란이 부화한다 그럴 때 고 옆에 난卵 자를 쓰면 계란이 부화한다는 그 부가 되죠. 유부有孚, 진실이 있는 걸 위지성謂之誠, 우리가 정직하다 이렇게 말한다. 정직하다. 언제나 진실이 있어야 정직하다.

언지가복위지신 言之可復謂之信.

언지가복言之可復, 말을 했으면 꼭 실천을 해야 위지신謂之信, 그걸 우리가 믿을 만하다, 라고 한다. 말을 하고도 실천을 안 하면 그건 믿을 수가 없는 거지. 그래서 언지가복言之可復 위지신謂之信이야. 그걸 믿음이라 그래.

성기불부誠旣不孚. 언즉불복言則不復.
이유귀중상언而猶貴重爽言·위지성신가호재謂之誠信可乎哉.

성기불부誠旣不孚, 그런데 진실이라고 하면서도 진실하지 않고, 자꾸 거짓말하고, 언즉불복言則不復, 말을 하고도 실천하지 않고, 이유귀중상언而猶貴重爽言, 제 말이, 상언爽言이라는 건 아주 잘못된 말, 거짓말이지. 그 거짓된 말이 귀중貴重, 진짜처럼 자꾸 수식을 하면 위지성신가호재謂之誠信可乎哉, 그걸 어떻게 성이라 그러고, 그걸 어떻게 진실 혹은 정직이라 그러고, 그걸 어떻게 믿는다 그렇게 말할 수가 있는가. 실천 없이 괜히 자꾸 말로만 그러면 그건 절대 믿을 수 없다, 이제 그런 말이죠.

도덕기은道德旣隱·인의내창仁義乃彰.

인의불행仁義不行·형법사작刑法斯作.
유존상말술猶尊尚末術.

　도덕기은道德旣隱, 도덕은 노자의 세계가 도덕이죠. 노자의 세계가 망하면, 기은旣隱이란 이미 숨어서, 인의내창仁義乃彰, 공자의 세계가 나오는 거지. 인의불행仁義不行, 그리고 또 공자의 세계가 지나가면 형법사작刑法斯作, 그다음엔 한비자니 뭐니 하는 형법의 세계가 또 나오는 거지. 형법의 세계가 나온다.
　그래서 유존상말술猶尊尚末術, 차차 차차 말술末術을 숭상하게 된다. 차차 차차 나라가 망해가듯이 형법이 심해지고 거짓이 더 많아진다.

제18장

어머니가 살아계실 때

엄마가 살아 있을 때는
온 집안이 다 천국이다.

第十八章 大道廢

大道廢·有仁義.
智慧出·有大僞.
六親不和·有孝慈.
國家昏亂·有忠臣.

대도폐大道廢·유인의有仁義.
지혜출智慧出·유대위有大僞.

대도폐大道廢 유인의有仁義, 대도가 폐해야 인의가 있게 된다. 이건 다 아시죠.[1] 요임금, 순임금 이런 때가 지나가야 그거보다 좀 못한 게 나온다 이거니까. 대도가 폐해야 인의가 나온다.

지혜출智慧出, 인의가 없어져야 지혜가 나온다. 노자의 세상이 깨져야 공자의 세상이 나오고, 공자의 세상이 깨져야 한비자

---
1. 〈제16강 2005년 5월 15일〉

의 세상이 나오고, 자꾸 이렇게 떨어진다. 유대위有大僞라. 그다음에 거짓말쟁이들이 나온다.

육친불화六親不和·유효자有孝慈.
국가혼란國家昏亂·유충신有忠臣.

육친불화六親不和, 육친이 서로 싸우게 돼야 유효자有孝慈, 효자가 나오게 된다. 국가혼란國家昏亂, 국가가 혼란하게 되어야 유충신有忠臣, 충신이 나오게 된다. 임진왜란을 생각해보면 온 나라가 정말 형편없이 돼야 이순신이 나오지, 온 나라가 제대로 됐으면 이순신이 왜 나오겠어요.

권재구의

大道行. 則仁義在其中. 仁義之名立. 道漸漓矣. 故曰. 大道廢. 有仁義. 譬如智慧日出. 而後天下之詐僞生. 六親不和. 而後有孝慈之名. 國家昏亂之時. 而後有忠臣之名. 此三句皆是譬喩. 以發明上一句也.

대도행大道行. 즉인의재기중則仁義在其中.
인의지명립仁義之名立. 도점리의道漸漓矣.
고왈故曰. 대도폐大道廢. 유인의有仁義.

대도행大道行 즉인의재기중則仁義在其中, 대도가 실천될 때는, 나라가 정직하고, 믿음직하게 될 때는 특별히 무슨 인이니 의니 그런 게 나타날 필요가 없다. 다 그 속에 포함되는 거지.

인의지명립仁義之名立, 인이니 의니 이런 것이 나타나기 시작하면 도점리의道漸漓矣, 정직과 신용이 차차 떨어진다. 흐를 리漓 자. 자꾸 흘러가고 만다.

고왈故曰, 그렇기 때문에 대도폐大道廢, 대도가 없어져야 유인의有仁義, 인의가 나온다. 친어머니가 없어져야 양모가 나온다. 양모가 없어져야 계모가 나온다. 다 같은 말이죠.

비여지혜일출譬如智慧日出.
이후천하지사위생而後天下之詐僞生.
육친불화六親不和. 이후유효자지명而後有孝慈之名.
국가혼란지시國家昏亂之時. 이후유충신지명而後有忠臣之名.

비여지혜일출譬如智慧日出, 자꾸 꾀 있는 놈들이 나오게 되어야 이후천하지사위생而後天下之詐僞生, 사기꾼들, 거짓말쟁이들이 또 나오게 된다. 육친불화六親不和, 육친불화가 돼야 이후유효자지명而後有孝慈之名, 효니, 자니 하는 게 나오게 된다. 국가혼란지시國家昏亂之時, 국가가 혼란해야 이후유충신지명而後有忠臣之名, 충신이 나오게 된다.

차삼구개시비유此三句皆是譬喩.
이발명상일구야以發明上一句也.

차삼구개시비유此三句皆是譬喩, 이 세 마디는 다 비유인데, 결국은 대도폐大道廢를 설명하기 위해서 있는 거다. 언제나 엄마가 죽지 않아야지 엄마가 죽으면 야단이다. 그다음에는 계모도 나오고, 양모도 나오게 되고, 자꾸 어려워진다. 그러니까 제일 중요한 것이 뭐냐 하면 엄마가 있어야지. 조선조 때 제일 중요한 건 세종대왕이 있어야지, 세종대왕이 죽고 나면 그다음엔 야단이라. 문종이니, 단종이니 형편없어지고 만다. 이발명상일구야以發明上一句也.

이식재의 주

方道之未散·仁義潛乎其中. 其煦煦爲仁·而人以煦煦懷其仁. 孑孑爲義·而人以孑孑懷其義. 使大道之行以公天下·則仁義又何足以進於其前哉. 不幸而又有小智小慧者·竊仁義而行之. 則僞自此滋·亂自此始. 是之謂降而生非. 及其末流·人僞旣多·無非非者. 群非之中·稍有自異·於是從而貴之. 故六親不和·然後知有孝慈. 國家昏亂·然後知有忠臣. 是謂反而貴道也.

방도지미산方道之未散·인의잠호기중仁義潛乎其中.

방도지미산方道之未散, 아직도 엄마가 살아 있으면 인의잠호기중仁義潛乎其中, 인의仁義가 잠호기중潛乎其中, 그 속에 있다. 사랑이니 정의니 그런 게 필요가 없다. 엄마, 그러면 되는 거지. 엄마, 사랑해. 뭐 그럴 필요가 없다. 이것이 첫째 단계죠.

기후후위인其煦煦爲仁·이인이후후회기인而人以煦煦懷其仁.

그런데 엄마가 죽으면 그다음에 양어머니, 계어머니가 나오게 되거든. 그렇게 되면 기후후위인其煦煦爲仁, 후후煦煦하면 따뜻한 기운, 따뜻하게 사랑을 한다. 나 엄마 사랑해, 또 이러기 시작한다. 이인이후후회기인而人以煦煦懷其仁, 사람이 따뜻한 걸 느끼면 그 사람을 좋아하게 된다.

혈혈위의子子爲義·이인이혈혈회기의而人以子子懷其義.

혈혈위의子子爲義, 혈혈子子, 혈혈단신이라 그러죠. 이북에서 혈혈단신으로 내려왔다. 혼자 내려왔다 그 소리지. 봄은 따뜻하고 가을은 쌀쌀하다. 쌀쌀해야 옳지. 채찍질해야 옳은 거지, 채찍질 안 하면 그거 옳은 게 아니거든. 이인이혈혈회기의而人以子子懷其義, 사람은 쌀쌀한 걸 가지고 그 의義, 그 사람이 옳다 그러고 또 칭찬하게 된다. 이게 둘째 단계라 이거지.

사대도지행이공천하使大道之行以公天下·
즉인의우하족이진어기전재則仁義又何足以進於其前哉.

사대도지행使大道之行, 엄마가 살아있을 때는 이공천하以公天下, 온 집안이 다 천국이지. 즉인의則仁義 우하족이진어기전재又何足以進於其前哉, 계모나 양모가 어떻게 그 속에 들어가겠는가.

불행이우유소지소혜자不幸而又有小智小慧者·
절인의이행지竊仁義而行之.
즉위자차자則僞自此滋·난자차시亂自此始.

시지위강이생비是之謂降而生非.

불행不幸, 불행하게도 이우유소지소혜자而又有小智小慧者, 소혜가 되면 절인의竊仁義, 인의를 도둑질해서 이행지而行之 즉 위자차자則僞自此滋, 자꾸자꾸 속이기 시작한다. 거짓말하기 시작한다. 그렇게 되면 더욱 나라가 흔들리게 되는 거지. 위자차자僞自此滋, 거짓말이 더 무성해지고. 자滋는 불을 자 자, 물속에 뭐 집어넣으면 불어나잖아요. 더 불어나고. 난자차시亂自此始, 세상 어지러운 것이 더 심하게 시작된다. 시지위강是之謂降, 그다음부터는 이생비而生非, 나쁜 물건만 자꾸 나오게 된다. 악질만 자꾸 나온다.

급기말류及其末流 · 인위기다人僞旣多 · 무비비자無非非者.

급기말류及其末流, 그 끝이 되면 인위人僞, 사기꾼만 자꾸 나오게 된다. 기다旣多, 사기꾼이 많아지면 무비비자無非非者, 세상에 사기꾼 아닌 놈이 없어. 모조리 사기꾼이다 이거지. 그렇게 되면 정말 세상이 망하고 만다.

군비지중群非之中 · 초유자리稍有自異 ·
어시종이귀지於是從而貴之.

군비지중群非之中, 그렇게 많은 사기꾼 가운데 초유자리稍有自異, 사기꾼과는 조금 달라. 조금 희망이 있으면 어시종이귀지於是從而貴之, 그 사람을 아주 대단히 존경하게 된다. 다 사기꾼인데 그 사람이 조금 정직하면 사람들이 다 존경하게 된다.

고육친불화故六親不和·연후지유효자然後知有孝慈.
국가혼란國家昏亂·연후지유충신然後知有忠臣.

고故로 육친불화六親不和, 육친이 불화한데 조금만 잘하는 사람이 있으면 연후然後 지유효자知有孝慈, 그걸 또 효자라고 하기 시작한다.

또 국가國家 혼란연후昏亂然後, 국가가 다 망했는데 연후然後에 지유충신知有忠臣, 그 가운데 조금 잘하는 이가 있으면 충신, 이렇게 된다.

시위반이귀도야是謂反而貴道也.

시위반이귀도야是謂反而貴道也, 그래서 나라가 망하게 돼야 도리어 도를 자꾸 귀하게 여기게 된다.

제19장

태평성대

사사로운 것이 자꾸자꾸 없어지고,
욕심은 자꾸자꾸 줄어들고,
그래서 세상이 태평성대가 된다.

第十九章 絶聖棄智

絶聖棄智・民利百倍. 絶仁棄義・民復孝慈.
絶巧棄利・盜賊無有. 此三者以爲文不足.
故令有所屬. 見素抱樸. 少私寡欲.

절성기지絶聖棄智・민리백배民利百倍.

절성기지絶聖棄智란 성인을 없이해라, 그 소리가 아니고, 요샛말로 하면, 기독교의 성직자들을 없애고 말아라 이거지요.[1] 신학자들, 다 집어치워라. 그렇게 되면 민리백배民利百倍, 교인들이 백배나 더 좋아진다.

그건 왜 그런가? 성직자가 맨 처음부터 나쁜 건 아니죠. 성직자가 자꾸 타락하게 되니까. 그래서 자꾸 뭘 하게 되나? 자꾸 교인들한테 돈 가져오라 하니까 야단인 거지.

오늘 석가 탄신일이라고 등을 수백 개, 수만 개를 달았는데,

---
1. 〈제16강 2005년 5월 15일〉

등 한 개 얼마씩인지 모르겠어요. 몇 해 전만해도 한 개에 오천 원씩이었는데. 지금은 올라서 만 원 한다 그러면, 그걸 몇 만 개 다니까 막대한 돈이지. 우린 석가탄신일에 등 갖다 달았다고 좋아하지만, 보기야 좋지. 그러나 그것 때문에 손해나는 사람이 얼만지 모르죠. 그런 중들이 없어져야 백성들이 사는데, 그런 중들이 있으면 백성들이 다 빼앗기고 만단 말이지.

그리고 제사 지낸다고 부모의 유골은 절간에 갖다 놔두고, 하나에 백 만 원짜리거든. 일 년에 한 번씩 제사 지내려면 백 만 원 내야 한 번 해줘요. 매번 들여다보면 과일 몇 개 안 되고, 그거 다 얼마치 안 되죠. 그건 그대로 착취당하고 마는 거지.

착취하는 중들, 착취하는 목사들, 이런 사람들이 없어져야 백성들이 정말 백 배 이익을 보는 거지, 그런 사람들이 있으면 그냥 착취당하고 마는 거죠.

종교가 본래 시작은 좋았지만 나중에는 그 종교 때문에 나라가 망하게 되고, 백성들이 또 못 살게 되는 거지. 그런 걸 우리가 다 뻔히 보는 거지.

난 그거 등 많이 건 거 볼 때마다 눈물 나. 야, 이거 또 얼마나 많은 사람들이 착취당했을까? 금년엔 저거 하나에 얼마일까? 조계사 같은 데 가면 꽉 차 있어. 마당에 그냥 꽉 차 있어. 몇 천 개, 몇 만 개. 하나에 만 원씩만 해도 그 얼마야. 이게 겉으로 보기엔 화려하지만 속으로 보면 기가 막히는 거지. 그렇잖아요? 그러니까 이 성직자라고 하는 사람들 다 집어치워야 된다.

요새 족집게 선생들, 그 뭐 과외 한 과목 하면 50만 원도 내고 100만 원도 낸다. 이거 다 하나의 착취라는 거지. 잘못하면 자꾸 이렇게, 백성들을 착취하니까, 착취하는 성직자, 착취하는 인텔리들, 이거 전부 다 집어 치워야지. 그렇게 해야 민리백배 民利百倍, 백성들의 이익이 백 배나 클 거 아닌가.

절인기의絶仁棄義·민복효자民復孝慈.
절교기리絶巧棄利·도적무유盜賊無有.

절인기의絶仁棄義, 백성들을 사랑한다든가, 백성들을 바로 잡는다든가 그리고 선전하는 사람들, 그런 사람들 다 집어치워야 된다. 그렇게 해야 민복효자民復孝慈, 백성들이 부모를 공경하고, 나라를 사랑하게 된다.

절교기리絶巧棄利, 교라는 건 아주 교묘하고, 이利라는 건 날카롭다는 거지. 사람을 사기 쳐도 어떻게 하는지 모르게. 요전에 맹물 팔아먹은 사람이 또 있대. 맹물 한 병에 20만 원 주고 팔았다나. 이거 먹으면 만병통치고 뭐 그랬겠지. 그래가지고 절교기리絶巧棄利, 사기하는 기술이 뭐 얼마나 교묘하고 날카로운지, 다 속기 마련이지.

이거 지금 다 백성을 뜯어 먹는 사람들이죠. 사랑한다 그러고 뜯어 먹고. 무슨 뭐 국회의원 선거할 때 저마다 다 애국자라 그러고 나오잖아요. 국회의원 되면 그때는 뜯어 먹고 말이야. 그러니까 그렇게 백성들을 뜯어 먹는 사람들, 그걸 지금 세 가지 종류로 놓은 거지요.
　그런 사람들이 다 없어져야 세상에 도적놈이 없어지는 거지. 밤에 남의 집에 몰래 들어가는 도적놈은 도적놈도 아니지. 대낮에 도적질하는, 몇 백억, 몇 천억 도적질하는 그 놈들이 진짜 도적놈들이지. 그렇지 않아요? 요새 외국 기업들 들어와서 일 년 만에 몇 천억 떼어먹었다, 이런 것들이 다 진짜 도적놈들이지, 들어가서 10만 원 이렇게 빼 먹는 도적놈은 도적놈도 아니지. 대낮에 댕기는 도적놈이 진짜 도적놈이지. 그래서 도적무유盜賊無有야.

　　차삼자이위문부족此三者以爲文不足. 고령유소속故令有所屬.
　　견소포박見素抱樸. 소사과욕少私寡欲.

　차삼자此三者 이위문부족以爲文不足, 이런 것들을 말로만 하면, 텔레비전에 내고 신문에만 내면 안 된다. 고령유소속故令有所屬, 이런 건 소위 령, 령이라는 건 법률이지. 법으로 다스려서 없이 해야지, 말로만 해가지곤 안 된다.

견소포박見素抱樸, 결국 사람들은 뭐해야 되나 그러면 사람들은 다 자기의 소질을 길러가야 되는 거지. 자기의 소질을 길러가고. 불교에선 견성이라 그러지. 자기의 소질을 길러가고, 자기의 사명을 다하는 사람, 언제나 이것이 제일 중요한 거지.

기독교로 말하면 하나님을 사랑하고 이웃을 사랑하는 사람, 그것이 제일 중요한 거지. 성직자도 문제가 아니고, 목사도 문제가 아니고, 신학자도 문제가 안 되지. 다 하나님을 사랑하면 됐지, 목사가 왜 필요하겠어요. 그저 이웃을 사랑하면 됐지, 왜 학자가 필요하겠어요. 그건 다 뜯어 먹는 놈들이지, 돈 주는 놈들이 아니라 이거지요.

견소포박見素抱樸이야. 언제나 자기의 소질을 키워가고 그렇게 해서 자기의 사명을 다하는 사람, 그렇게 되면 자연 소사과욕少私寡欲, 사사로운 것이 자꾸자꾸 없어지고, 욕심은 자꾸자꾸 줄어들고, 그래서 세상이 태평성대가 된다, 그런 소리지요.

권재구의

聖知之名出. 而後天下之害生. 不若絶之棄之. 而天下自利. 仁義之名出. 而後有孝不孝. 慈不慈. 分別之論. 不若絶而去之與道相忘. 則人皆歸於孝慈之中. 而無所分別也. 巧利作而後盜賊起. 不若絶而棄之. 卽所謂不貴難得之貨. 使民不爲盜也. 聖知. 仁義. 巧利. 三者. 皆世道日趨於文. 故有此名. 以知道者觀之是文也. 反不足以治天下. 不若屬民而使之見素抱樸少私寡欲. 而天下自無事矣. 令. 使也. 屬. 猶周禮屬民讀法之屬也. 此意蓋謂. 文治愈勝. 世道愈薄. 不若還淳反朴. 如上古之時也. 此亦一時憤世之言.

성지지명출聖知之名出. 이후천하지해생而後天下之害生.
불약절지기지不若絶之棄之. 이천하자리而天下自利.

성지지명출聖知之名出, 성聖이니 지知니[2] 하는 게 나오면 이후천하지해생而後天下之害生, 그다음에는 천하의 해害가 자꾸 나온다. 불약절지기지不若絶之棄之, 끊어버리는 것만 못하다. 그렇게 해야 이천하자리而天下自利, 천하가 좋아진다.

인의지명출仁義之名出. 이후유효불효而後有孝不孝.
자부자慈不慈. 분별지론分別之論.

---
2. 본문에서는 "지智"인데 권재는 주해에서 "지知"로 쓰고 있다.

불약절이거지여도상망不若絶而去之與道相忘.
즉인개귀어효자지중則人皆歸於孝慈之中.
이무소분별야而無所分別也.

인의지명출仁義之名出, 인의가 나오면 이후유효불효而後有孝不孝, 그 후에 효자니 불효자니 자꾸 나오게 되고, 자慈니 부자不慈니 자꾸 나오게 된다. 분별하는 생각이 자꾸 나온다. 자부자慈不慈 분별지론分別之論 불약절이거지여도상망不若絶而去之與道相忘, 그건 다 없이하는 게 낫다. 다 잊어먹고 사는 게 제일 좋은 거다. 즉인개귀어효자지중則人皆歸於孝慈之中, 그래야 온 가족이 다 편안하게 된다. 그리고 이무소분별야而無所分別也, 분별이 없어진다. 사랑한다 뭐 그런 게 다 없어진다.

교리작이후도적기巧利作而後盜賊起.
불약절이기지 不若絶而棄之.
즉소위불귀난득지화卽所謂不貴難得之貨.
사민불위도야使民不爲盜也.

교리작이후도적기巧利作而後盜賊起, 머리 좋은 놈이 나오면 자꾸 도적이 일어난다. 그러니까 불약절이기지不若絶而棄之, 그것도 다 없어져야 돼. 즉소위불귀난득지화卽所謂不貴難得之貨, 난득지화, 자본주의가 깨져야 백성들이 도둑질을 안 하게 된다. 사민불위도야使民不爲盜也.

성지聖知. 인의仁義. 교리巧利. 삼자三者.
개세도일추어문皆世道日趨於文. 고유차명故有此名.
이지도자관지시문야以知道者觀之是文也.

성지聖知, 인의仁義, 교리巧利, 이 세 가지는, 삼자三者 개세도일추어문皆世道日趨於文, 다 세상이 자꾸 나빠져서 나오는 거다. 나라가 아주 경박해진다. 백성들의 분위기가 자꾸 경박해져. 요새 좀 따뜻해지니까 여자들 옷 입는 게 경박해지더라고. 입었는지 벗었는지 모르게 다니더라고. 사람들이 경박해져. 나라 분위기가 경박해지고 말아.

고유차명故有此名, 그래서 이런 말이 나오는 건데 이지도자관지시문야以知道者觀之是文也, 뭘 좀 아는 사람들은 그런 걸 보면 자꾸 경박하다 그렇게 말하게 된다.

반부족이치천하反不足以治天下.
불약속민이사지견소포박소사과욕不若屬民而使之見素抱樸少私寡欲. 이천하자무사의而天下自無事矣.

반부족이치천하反不足以治天下, 그렇게 되면 정치하는 게 아니다. 불약속민不若屬民 이사지견소포박而使之見素抱樸 소사과욕少私寡欲, 백성들을 모아 놓고 그들이 견소포박見素抱樸, 아주 소박하고, 박은 질박하고, 사람이 다 경박하게 굴지 않고, 좀 무게가 있게, 좀 질박하게. 밤낮 명품만 찾지 말고, 검소하고 질박하게 그렇게 살게 돼야, 소사과욕少私寡欲, 사람들이 욕심도 없고 거짓말도 안 하고 살게 돼야, 이천하자무사의而天下自無事矣, 나라가 편안하게 된다.

영令. 사야使也.
속屬. 유주례속민독법지속야猶周禮屬民讀法之屬也.
차의개위此意蓋謂. 문치유승文治愈勝.
세도유박世道愈薄. 불약환순반박不若還淳反朴.
여상고지시야如上古之時也.
차역일시분세지언此亦一時憤世之言.

영令 사야使也, 영이라는 말은 하여금이다. 속屬 유주례속민독법지속야猶周禮屬民讀法之屬也, 속屬은 주례周禮라는 책 속에 백성들을 모아서 — 속은 모을 속屬 자, 백성들에게 법을 가르친다 할 때 쓰는 속屬이니까 — 알려준다.

차의개위此意蓋謂, 이건 무슨 뜻인가? 문치유승文治愈勝, 백성들이 경박하게 되면 세도유박世道愈薄, 세상의 인심이 더 각박하게 된다. 불약환순반박不若還淳反朴, 도로 아주 순박하고 정직하고 성실한 사회로 돌아가는 것만 같지 못하다. 여상고지시야如上古之時也, 옛날이 그랬다. 이상세계라고 하는 건 그런 거다. 그래서 차역일시분세지언此亦一時憤世之言, 이것도 역시 시대를 개탄하는 뜻에서 나온 말이다.

소자유의 주

孔子以仁義禮樂治天下. 老子絶而棄之. 易曰. 形而上者謂之
道. 形而下者謂之器. 孔子之慮後世也深. 故示人以器而晦其
道. 使中人以下・守其器・不爲道之所眩・以不失爲君子. 而中
人以上・自是以上達也. 老子則不然. 志於明道・而急於開人
心. 故示人以道而薄於器. 因老子之言以達道者不少. 求之於
孔子者常苦其無所從入.

공자이인의예악치천하孔子以仁義禮樂治天下.
노자절이기지老子絶而棄之.

공자는 인의예악仁義禮樂을 가지고 치천하治天下, 천하를 다 스렸다. 그런데 노자는 절이기지絶而棄之, 그런 인의예악 같은 것 다 집어치워라, 그렇게 말한다.

역왈易曰. 형이상자위지도形而上者謂之道.
형이하자위지기形而下者謂之器.

역왈易曰, 주역에 무슨 말이 있나 하면 계사전繫辭傳이지, 형이상자위지도形而上者謂之道, 형이상을 도라 그런다. 형이하자위지기形而下者謂之器, 형이하를 기라 그런다. 도라 그러면 요샛말로 철학이죠. 기라 그러면 과학이지. 그러니까 이성과 오성, 철학과 과학이지. 형이상은 철학이고, 형이하는 과학이고.

공자지려후세야심孔子之慮後世也深.
고시인이기이회기도故示人以器而晦其道.

그런데 공자지려후세야심孔子之慮後世也深, 공자는 후세를 생각하는 것이 아주 깊어. 고시인이기故示人以器, 그래서 사람들에게 보여줬어. 뭘 보여줬나? 이기以器, 과학을 해라. 과학을 해라 그리고 자꾸 권장한다 이거지. 이회기도而晦其道, 그러고 철학에 너무 몰두하지 마라. 철학에 들어가지 마라.

사중인이하使中人以下·수기기守其器·
불위도지소현不爲道之所眩·이불실위군자以不失爲君子.

사중인이하使中人以下야. 보통 사람 이하는 수기기守其器, 과학을 하면 됐지. 불위도지소不爲道之所, 철학같이 어려운 것, 뭐 불생불멸이니 뭐니 철학이라는 게 아주 복잡하잖아요. 현眩, 사람의 눈을 현혹하고 마는, 사람의 정신을 현혹하는, 그런 철학 같은 건 배우지 마라. 그래서 이불실위군자以不失爲君子, 점 잖은 백성이 되는 거, 그거를 잃지 않게 했다. 과학만 잘하면 백성으로선 부족함이 없다는 거지.

이중인이상而中人以上·자시이상달야自是以上達也.

그런데 이중인이상而中人以上 자시이상달야自是以上達也, 머리가 좋은 놈, 머리가 좋은 놈에게는 혼자서 철학을 해서 올라가야 된다, 그렇게 말한 게 공자다.

노자즉불연 老子則不然.
지어명도 志於明道·이급어개인심 而急於開人心.
고시인이도이박어기 故示人以道而薄於器.
인노자지언이달도자불소 因老子之言以達道者不少.

그런데 노자老子 즉불연則不然, 노자는 그러질 않았다. 지어명도志於明道, 노자는 벌써 철학부터 가르치기 시작했다. 노자는 머리 좋은 놈만 가르치기 시작했다.

공자는 대중교육에 힘썼고, 노자는 천재교육에 힘썼다. 그래서 이급어개인심而急於開人心, 사람의 마음을 빨리 열어주려고 애썼다.

고시인이도故示人以道, 그리고 철학을 자꾸 가르치고 이박어기而薄於器, 과학을 적게 가르쳤다. 인노자지언因老子之言, 그래서 노자의 말을 듣고 철학에 능한, 철학을 깨달은 사람이, 이달도자以達道者, 철학에 통한 사람이 불소不少, 적지 않았다.

구지어공자자상고기무소종입 求之於孔子者常苦其無所從入.

그런데 구지어공자자求之於孔子者, 공자를 따라다니는 사람들은 상고기무소종입常苦其無所從入, 철학은 어떻게 해야 되는지 몰라서 고생하는 사람이 참 많았다. 논어니 뭐니 이거 가지고는 통 철학이 안 나온다. 그건 그냥 실천 윤리만 나오는 것뿐이지 거기서는 철학이 안 나온다. 논어에서도 공자는 철학에 대해서 별로 말한 바가 없다, 그런 얘기지요.

여길 보의 주
만물개비어아 萬物皆備於我.
절성기지복기초리 絶聖棄智復其初利.

만물萬物 개비어아皆備於我, 모든 만물이 다 내 속에 있다. 내 속에 있다는 건 내 속에는 하늘로부터 받은 소질과 하늘로부터 받은 사명이 있다는 거죠. 그러니까 하늘로부터 받은 소질을 키우고, 하늘로부터 사명을 바라면 절성기지絶聖棄智, 목사도 필요 없고, 신학자도 필요 없다. 아까 한 말이지요. 그래서 복기초리復其初利, 그 근본으로 돌아가야 된다. 사람의 근본을 알아서 사람의 소질을, 사람의 사명을 찾는 데로 돌아가야 한다.

목사가 되면 그걸 해줘야 한다. 석가 탄신 날 됐다고 자꾸 등만 팔아먹을 생각하지 말고, 사람의 소질을 발견해줘야 한다 이거죠. 이것이 소위 설법이라. 이것이 소위 가르치는 거다. 그 사람으로 하여금 백성으로 올바로 살 수 있도록 그걸 가르쳐줘야 한다, 그런 얘기지요.

제20장

교육

경쟁교육이 아니라
소질교육, 인격교육이 되어야 한다.

第二十章 絕學無憂

絕學·無憂.

唯之與阿·相去幾何.

善之與惡·相去何若.

人之所畏. 不可不畏. 荒兮其未央哉.

眾人熙熙·如享太牢. 如春登臺.

我獨泊兮其未兆. 若嬰兒之未孩.

乘乘兮·若無所歸.

眾人皆有餘. 我獨若遺. 我愚人之心也哉.

沌沌兮. 俗人昭昭. 我獨若昏俗人察察. 我獨悶悶.

澹兮其若海. 飂兮似無所止. 眾人皆有以. 我獨頑且鄙.

我獨異於人. 而貴求食於母.

절학絕學·무우無憂.

절학무우絶學無憂란 요샛말로 하면 경쟁이라는 거죠.[1] 학교에서 아이들끼리 전부 싸우는 것밖에 없어요. 친구한테 서로 가르쳐주지도 않는대요. 숙제도 가르쳐주지 않는대. 왜? 가르쳐주면 자기보다 앞서니까. 그래서 온 나라를 그만 전쟁터로 만들고 말았어. 서로 자꾸 싸우게만 되고. 서로 자꾸 싸우면 뭐가 되나? 집에서 내란이 일어나면 망하고 마는 거지. 이건 결국 망국이지. 지금 같은 교육이 나라 망치는 교육이지, 나라 살리는 교육은 아니지.

우선 제일 나쁜 게 서울대학이지요. 서울대 집어치우고 그 다음에 나오는 서울대 또 집어치우고, 또 집어치우고. 절학무우란 이런 교육제도를 없애야 된다는 말이에요.

그래서 학생들이 경쟁교육이 아니고, 자기의 소질을 키워가는, 과학에 취미를 가진 사람은 과학을 할 수 있게. 철학에 취미를 가진 사람은 철학을 할 수 있게. 어디 가든지 자기가 공부하고 싶은 대로 할 수 있게. 그러니까 입학시험이라는 게 없어져야지. 입학시험이라는 게 없고, 난 철학하고 싶다고 그러면 철학과에 가서 공부하는 거지.

영국 가니까 그렇더라고. 영국에는 경쟁이라는 게 일체 없어요. 대학 그래도 대학시험이 없어요. 누구나 대학 가고 싶다 그러면 대학 가면 돼요. 그런데 우리는 취직하는 게 경쟁이니

---

1. 〈제16강 2005년 5월15일〉

까. 왜 대학을 자꾸 가려고 그러나? 그것도 경쟁이지만 졸업하면 취직이 잘 되니까. 그래서 더욱 가려고 그러는 거거든.

영국에는 취직한 사람만 대학에 들어갈 수 있지, 취직하지 못한 사람은 대학에 들어가지도 못해요. 대학 졸업하면 자기의 취직자리로 돌아가면 되는 거고, 더 좋은 취직자리가 있으면 그리로 가면 되는 거니까. 그러니까 대학하고 취직하고는 전혀 관계가 없어요.

자, 그런 제도. 난 영국 사람들이 참 똑똑하다고 생각해요. 내가 철학공부하고 싶다 그러면 대학에 가서 학장 만나서 철학공부하고 싶다고 말하고, 너 정말 열심히 하겠냐? 열심히 하겠다고 하면 되는 거야. 그러고는 1년 공부해봐서 재능이 없다 그러면 그만 둬라 이거야. 그래서 1년 하고 졸업하는 사람도 있고, 2년 하고 졸업하는 사람도 있고, 3년, 4년 하고 졸업하는 사람도 있고. 매해 졸업 줘. 하고 싶으면 맘껏 해라 이거죠.

대학이라고 가보니까 별 사람이 다 와요. 부인들도 와서 공부하고, 회사 사장도 있고, 고등학교 졸업한 사람도 있고, 하고 싶은 사람들은 다 와서 하는 거야. 그러다 1년 하고 됐다 그러면 그만 두는 거지.

시험이 없어. 시험이 없단 말은 학교에 시험이 있긴 있는데 그 시험은 전부 다 국가시험이야. 학교마다 다 국가시험이야. 중간고사도 다 국가시험이야. 선생은 가르치기만 하지, 시험문제는 못 내. 시험문제는 전부 국가에서 내. 그러니까 하버드 졸업한 놈이나 서울대 졸업한 놈이나 다 꼭 같지, 어느 학교가 더 실력이 있다 그런 게 없어. 어디서든지 A 맞으면 다 A지. 전국이 다 꼭 같애. 특별히 무슨 그런 것이 없고 어디든지 다 같애. 아무리 조그만 시골이라도 그 속에 대학도 전부 국가고시니까. 시골대학에서 하나, 캠브리지 가서 하는 거나 꼭 같지, 캠브리지에 가면 거기보다 더 낫다 그런 게 절대 없어요. 대학이 전부 평등이야. 어느 대학 가도 좋아.

그러니까 대개 집 옆에 있는 대학 가는 게 제일 좋은 거지. 집에서 다니는 게 제일 좋지. 근데 대학도 집에서는 못 다니지 사실. 왜냐하면 대학 가면 다 학교에서 기숙사비를 대주고 학비를 내주고 용돈을 대주게 돼있거든. 전부 캠퍼스에서 같이 살게 하지. 교수들도 캠퍼스 안에서 같이 살아. 4년 동안 교수들하고 같이 먹고, 같이 공부하고, 같이 놀고, 그렇게 돼있더라고.

결국은 인격교육이지. 교수라는 사람들이 아주 인격자야. 인격자가 돼서 그 인격에 학생들이 감화돼. 학문을 하는 것보다는 인격 배우는 게 더 중요한 거야.

그런데 영국에서는, 신학교 교수 그러면 박사 해도 교수가 못 돼. 신학교에서는 박사하고도 인도네시아나 아프리카나 그런 데 가서 10년 동안 봉사하고 돌아와야 교수가 되지 그렇지 않으면 교수가 안 돼. 어떤 사람은 인도에 가서 10년 있었단 사람도 있고, 어떤 사람은 아프가니스탄에 가서 10년 있다 오고, 그렇게 10년을 있어야 교수가 되지 그렇지 않으면 안 돼. 가서 어려운 사람을 섬기고 와야지 단순히 학문만 가지곤 안 돼, 사람이 돼야지. 그래야 사람을 만드는 거지, 무슨 지식을 전달하는 데가 아니야. 그렇게 되니까 학생들이 다 교수를 존경하게 되고 서로 같이 지내면서 모든 일들을 해결하게 하니까, 뭐 무슨 요새같이 카운슬링을 한다든가 그런 게 없어. 생활 전체가 다 카운슬링이니까. 교육은 그런 교육을 해야 돼요.

초등학교나 중고등학교나 대학교나 전부 소질교육이야. 초등학교서부터 소질을 발견하면 돼. 다 소질교육이야. 어디 가서든지 자기의 소질을 키우면 그걸로 족한 거야. 그리고 그걸 가지고 나라에 봉사하면 그걸로 족한 거야. 정말 절학무우絶學無憂야. 난 영국에 가서 이런 말 처음 알았어. 절학무우야. 이런 '경쟁교육' 다 집어치우고 '소질교육'으로 가면 아무 걱정이 없는 거야.

우리나라는 온 국민이 대학 간다 그러는데 거기는 대학 가는 사람은 학생 가운데 0.5% 미만이야. 대학이 아무리 크다 그래도 250명이야. 한 반에 학생이라고는 2, 3명이야. 하고 싶은 사람만 가서 하는 거지, 대학이 몇 만 명씩 모일 필요가 없어요. 대학 공부 하고 싶은 사람이 그렇게 많겠어요? 영문학 그러면 영문학 하고 싶은 사람이 그렇게 많겠어요? 두 세 사람 있으면 그거로 족한 거지. 학생들에게 돈을 안 받는 거니까. 나라에서 돈을 주는 거니까. 그러니까 거기에 구애 받을 필요가 하나도 없지요. 여기서는 등록금 때문에 학생들을 자꾸 받는데, 등록금 안 받는데 학생들을 많이 받을 필요도 없지 뭐.

선생은 강의를 안 해. 강의를 안 하고 뭐하나? 그저 그냥 책 빌려주는 거야, 학생들에게. 학생들이 책을 다 읽어오면 학생들에게 너 말해봐라 해서 말하면, 됐다 그러고 또 다른 책을 빌려줘. 학생들은 책 읽는 게 학생이지 강의 듣는 게 학생이 아니야.

내가 맨 처음에 캠브리지 가서 강의실 한번 들어가려고 했더니 깜짝 놀라면서 아니 강의실이 어디 있느냐? 대학에 무슨 강의실이 있느냐? 그럼 대학에 뭐 있느냐? 교수실 밖에 없다 이거야. 교수실에 가서 배우는 거야. 자, 그런 제도. 그렇게 되면 정말 절학무우絶學無憂지.

유지여아唯之與阿·상거기하相去幾何.

유지여아唯之與阿, 예스하고 노하고 그 차이가 얼마인가? 시험에 붙은 사람하고 떨어진 사람의 차이가 얼마인가? 시험에 300등으로 끊었다 그러면 300등하고 301등하고 차이가 얼만가 이거야. 300등 맞은 애는 입학했다고 좋아하고, 1등 차이로 떨어졌다 그러면 그냥 옥상에서 내뛰고 말고 말이야. 한 점 때문에 하나는 천국이고, 하나는 지옥이야. 이런 비참한 교육이 어디 있냐 이거지.

유지여아唯之與阿야. 예스하고 노야. 입학한 거하고 떨어진 거하고 얼마나 차이가 있는가? 한 뼘 차이밖엔 없지 않은가? 잘하는 거하고 못하는 거하고 얼마나 차이가 있는가? 한 점밖에 없지 않느냐. 상거기하相去幾何, 그 차이가 얼마나 되는가? 사실 얼마 안 된다 이거지. 얼마 안 되는 거 가지고 하나는 이겼다 그러고 하나는 졌다 그러고. 하나는 자살하고 하나는 또 어떻게 하고, 그렇게 된다 이거지. 그런 교육을 왜 하느냐.

그렇다고 해서 공부 안 해도 좋다 그 소리는 아니야. 자기 소질을 키우려면 공부 더 해야지. 자기가 사명을 알려면 공부 더 해야지, 안 해도 좋다 그런 말은 절대 아니야.

선지여악善之與惡·상거하약相去何若.
인지소외人之所畏. 불가불외不可不畏.
황혜기미앙재荒兮其未央哉.

다른 사람이 무서워하는 건 자기도 무서워해야 된다. 인지소외人之所畏, 왜 이런 말이 나오냐 하면 선악善惡이라는 말이 나오니까. 선지여악善之與惡 상거하약相去何若, 선악을 초월했다 그래서 악해도 좋다 이건 아니다. 선악을 초월하되 선은 벗어나고 악은 더 집어치워야지.

우리 불교 같은 데 가면 자기는 뭐 깨달았다, 깨달았다, 이런다. 선악을 초월했다. 선악을 초월했으니 나는 나쁜 짓해도 괜찮다, 그리고 나쁜 짓하는 중들도 많거든.

대표적으로 원효 같은 사람 보면, 중국 가다가 무덤 옆에서 해골의 물을 마시고, 그리고 아침에 구역이 나니까 아, 난 깨달았다, 깨달았다 이거야. 그리고 나는 선악을 초월했다. 그래서 당나라 가다가 도로 와. 도로 와가지고 한 짓이 뭔가 하면 요석공주한테 빠져버리고 말아. 깨달은 놈이 요석공주한테 빠지겠어? 그래서 그만 상당히 고민하고 슬퍼하고. 이거 내가 깨닫지 못한 걸 깨달았다 해가지고 이런 죄를 짓게 됐구나. 그다음에는 후회하고 다시 사람 되기 위해서 수도하고 그러는 거지.

인지소외人之所畏 불가불외不可不畏, 다른 사람이 미워하는 거는 절대 하면 안 돼. 악에는 절대 빠지지 않아야 돼. 황혜荒兮 기미앙재其未央哉, 빠지기 시작하면 끝이 없어. 가운데가 없단 말은 끝이 없다는 말이에요. 사람이 타락하기 시작하면 끝이 없어. 언제나 타락해도 된다, 그건 절대 아니다. 시험 치지 않는다는 말은 공부하지 말라는 말은 절대 아니다. 그러니까 더 해야 된다, 그 소리죠.

중인희희 衆人熙熙·여향태뢰 如享太牢. 여춘등대 如春登臺.

중인희희衆人熙熙, 희희라는 게 보통 우리가 희희락락喜喜樂樂한다, 그런 뜻도 되죠.² 빛날 희熙 자니까 얼굴이 환하다 이렇게 해도 되죠. 여향태뢰如享太牢, 태뢰는 소, 돼지, 양, 그런 거를 잡아가지고 큰 잔치를 하는 거, 그걸 태뢰라고 하죠. 요샛말로 파티한다는 거죠. 여춘등대如春登臺, 그리고 봄에 높은 다락에 올라가서 봄을 즐긴다 이거죠. 요새로 말하면 관광, 뭐 그런 거죠. 세상 사람들은 그런 걸 좋아한다. 먹는 거, 노는 거, 그런 걸 좋아한다.

아독박혜기미조我獨泊兮其未兆.

아독我獨, 나는 홀로, 자, 여기 "박혜泊兮"라는 말이 하나 나와요. 다른 책에 보면, "파혜怕兮" 이렇게 된 책도 있어요.³ 사본이 많다는 거죠.⁴

이 책	다른 책
박혜泊兮	파혜怕兮(초횡)
승승혜乘乘兮	뇌뢰혜儡儡兮(진고응)

2. 〈제17강 2005년 5월 22일〉
3. 초횡, 〈노자익 권지2, 제20장〉, 「노자익・장자익」, 혜풍학회(편), 영인한문대계 9(대북: 신문풍 출판공사, 중화민국 67/83년).
4. 초횡의 「노자익」에서는 글자가 다른, 이본들을 소개하고 있다. 〈권지6, 부록: 노자고이老子考異, 제20장〉.

돈돈혜沌沌兮	순순혜純純兮(탄허)
담혜澹兮	홀혜忽兮(초횡)
요혜飂兮	적혜寂兮(초횡)

낙관적	비관적
영아嬰兒	고아孤兒
박혜泊兮	파혜怕兮
승승혜乘乘兮	뇌뢰혜儡儡兮
순순혜純純兮	돈돈혜沌沌兮
홀혜忽兮	담혜澹兮
적혜寂兮	요혜飂兮

그다음에 보면 "승승혜乘乘兮" 이렇게 돼있는데 다른 책에는 "뇌뢰혜儡儡兮", 괴뢰傀儡라고 하는 뇌儡 자죠. 뇌 자 아래에 보면 실 사糸가 있는데 그래도 같은 자예요. 좁아서 내가 안 썼는데 여기 실 사를 하면 더 좋아요. 그래서 요렇게 쓰면 이 내(래)儽가 본 자예요.[5]

그리고 여기는 "돈돈沌沌" 이렇게 되어 있는데, "순순純純"

---
5. 초횡의 『노자익』, 〈권지6, 부록: 노자고이老子考異, 제20장〉.

이렇게 된 책도 있고,[6] 이 책은 "담혜澹兮"인데, "홀혜忽兮" 이렇게 된 책도 있고.[7]

이건 뭐 3천 년 전, 2천 년 전 책이니까 인쇄술이 고정된 단계가 아니거든. 이게 다 필사해서 내려오는 거죠. 그래서 어떤 사람은 이게 맞지 않나 그러고 이렇게 쓰고, 저렇게도 쓰고, 다 다르게 쓴 거죠.

노자의 다른 장은 그렇게 과하지 않은데 이 장만은 특별히 이렇게 과해요. 이것도 아까 "요혜飂兮" 이렇게 쓰는데 어떤 책은 또 "적혜寂兮" 이렇게 쓴 책도 있어요. 그런데 왜 이렇게 됐나 하는 거지. 왜 이렇게 됐나?

자 그럼, 요 박혜라고 할 건가, 파혜라고 할 건가.

약영아지미해 若嬰兒之未孩.

그다음에 약영아若嬰兒, 여기 영아嬰兒를 고아孤兒라고 해야 되느냐, 영아嬰兒라고 해야 되느냐 이거거든. 요샛말로 하면 고아는 고독한 실존이거든. 키르케고르의 철학이 그거죠. 아주 고독하다. 단독자單獨者, 이런 말도 많이 쓰지요. 단독자, 고독하다. 고독한 실존인가,[8] 그렇지 않으면 천우군자天佑君子인가. 자

---

6. 김탄허金呑虛, 『도덕경道德經(현토역주懸吐譯註) 1』(서울: 도서출판 교림, 1983) pp 250~51.
7. 초횡, 〈노자익 권지2, 제20장〉, 『노자익 · 장자익』.
8. 김흥호, 〈키르케고르〉, 『실존들의 모습』, 서양철학 우리 심성으로 읽기 2(서울: 사색출판사, 2004), pp. 13~106.

천우지自天佑之 길무불리吉無不利. 주역 계사繫辭에 나오는 말이죠. 하나님이 자꾸 도와줘서 행복하기 짝이 없다, 그런 뜻이죠. 그걸 보통 우리가 천우군자라. 하늘이 자꾸 도와줘서 한없이 행복한 사람, 천우군자. 그러니까 고독실존인가, 천우군자인가. 결국은 그거죠.

어머니하고 같이 사는 어린앤가, 어머니를 상실한 어린앤가? 그 둘이란 말이죠. 성경에 나오는 탕자의 비유[9]에서 탕자蕩子라는 게 어머니를 상실한 고아죠. 또 법화경에 나오는 궁자窮子의 비유[10]도 어머니를 상실한 고아죠. 요새 실존철학에는 어머니를 상실한 고아가 많죠. 인류는 하나님을 아주 잊어먹고 말았다는 거지요.

그래서 사뮈엘 베케트의 『고도를 기다리며』라는, 그런 작품도 나오고. 그거 노벨상 받은 거죠. 요새 사람들은 다 하나님을 상실하고 산다 이거죠. 니체[11] 같은 사람은 하나님은 죽었다, 이러고 마니깐. 그런 인류, 그런 세계를 소위 고독한 실존이다, 이렇게 말하는 거죠.

그런데 하나님을 믿고 사는 사람들은 천우군자지. 이건 공자의 사상이죠. 공자가 〈계사〉에서 이걸 세 번 말하거든. "자천우지自天佑之 길무불리吉無不利" 하는 말을 세 번씩 해요.[12]

---

9. 누가복음 15:11~32.
10. 김흥호, 『법화경 강해』(서울: 사색출판사, 2004/06) pp. 105~13.
11. 김흥호(2004), 〈니체〉, 『실존들의 모습』, pp. 203~96.
12. 김흥호, 『주역 강해』, 권3(서울: 사색출판사, 2004), pp. 33~4(〈계사〉 상 제2장); pp. 117~19(〈계사〉 상 제12장); p. 165(〈계사〉 하 제2장).

공자는 지천명知天命해 가지고 이순耳順하고 그리고 불유구不踰矩라 이렇게. 하나님하고 같이 살았다, 이런 건 공자의 사상이거든. 이 둘 가운데 '하나님하고 같이 산 사람'을 '영아'라고 부르고, '하나님을 상실한 사람'을 '고아'라고 부르고. 그래서 이것을 '고아'라고 해석하느냐, '영아'라고 해석하느냐. 이 두 사상이 아주 막상막하예요.

오늘 우리는 둘 다 생각해야 돼요. 이걸 만일 고아라, 이렇게 보면 "박혜泊兮"가 아니고 "파혜怕兮"가 되는 거지. 파혜怕兮라는 건 어머니를 상실했으니까, 어머니를 잃었으니까 저 혼자 공포에 떨게 되는 거지. 파怕 자는 공포라고 하는 파 자거든. 무서워할 파 자지.

기미조其未兆 할 때 이 조兆라는 것은 어머니의 치맛자락도 보이지 않는다 이거거든. 전혀 어머니를 찾을 수 없다 이런 말이거든. 파혜기미조怕兮其未兆, 어머니가 없으니까 한없이 무섭고, 어머니의 모습은 전혀 찾을 수 없다, 이렇게 해석해야 되죠.

이걸 "영아嬰兒"라, 어머니하고 같이 사는 어린애라, 그렇게 할 때는 "박혜泊兮"죠. 이럴 때는 아주 순수해서 "기미조其未兆"라, 아무 생각도 없다. 어머니하고 같이 사는데 생각할 게 뭐 있겠어요. 아무 걱정도 없다 이 소리거든.

그러니까 이걸 고아로 보느냐, 영아로 보느냐, 이 두 가지 차이라는 말이지. 이렇게 우리는 해석을 달리 해야 돼요. 약영아지미해若嬰兒之未孩, 어린애가 아직 채 크지 않은 어린애다. 이것도 영아인가 고아인가, 이거거든요.

승승혜 乘乘兮·약무소귀 若無所歸.

승승혜乘乘兮 그럴 때, 이것도 승승혜인가, 괴뢰傀儡라고 하는 뇌뢰혜儡儡兮인가, 이거거든. 괴뢰정권이라고 하는, 우리가 괴뢰라고 하는 뇌뢰. 이 뇌뢰혜라고 하는 거는 무슨 뜻인가 그러면 괴뢰라고 하면 나무로 만든 '꼭두각시' 아니겠어요? 꼭두각시가 땅에 떨어져서 쓰러졌다 그런 말이거든. 어머니를 잃고서 아주 땅에 쓰러져 지치고 피곤해서 견딜 수가 없다, 이렇게 할 때는 뇌뢰혜라는 말이죠.
그러나 승승혜乘乘兮라고 할 땐 엄마에게 업혀서 온 동네를 돌아다닐 때는 또 승승혜라 그러거든.
그러니까 이거 고아인가, 영아인가 우리가 둘을 구별해야 된다. 하나님을 발견한 사람인가, 하나님을 발견하지 못한 사람인가, 이 차이란 말이지. 그래서 뇌뢰혜인가, 승승혜인가, 그렇게 구분해서 해석을 해야 된다는 거죠.
뇌뢰혜 하는 건 지쳤다. 그래서 뇌뢰혜儡儡兮 약무소귀若無所歸, 어디 돌아갈 데가 — 엄마가 없으니까, 집을 찾지 못했으니까 — 돌아갈 데가 없다. 그래서 어디서 살아야 하나? 길바닥에서 살아야 한다. 요새 이런 걸 실존철학에서는 도상존재途上 存在라 이렇게 말해요. 도상존재야. 사람들이 다 제 집을 못 찾고 길바닥에서 헤매고 있다. 길바닥에서 살려니까 얼마나 불안해요. 길바닥에서 자려니까 얼마나 불안해요. 요새 노숙자 비슷한 거지, 말하자면. 불안하다. 공포다. 저기도 썼어요. 고독실존이란 뭐냐. 불안하다. 공포다. 절망이다. 이런 거 요새 실존철학에서 말하는 현대 사람들의 분위기거든. 현대 사람들은 다 불안해. 불안에 사로잡히고, 공포에 사로잡히고 절망에 사로잡혀 있다, 이렇게 말하는 거죠.

그런데 공포, 불안, 절망의 반대가 뭔가 그러면 희망과 믿음과 사랑이라는 거지. 이런 말을 주로 하는 사람이 야스퍼스지요.[13] 야스퍼스는 현대 사람들이 불안, 공포, 절망인데 이 사람들이 하나님을 만나게 되면 다시 믿음과 사랑과 희망으로 되살아날 수 있다는 거니까.

불안에 대해서 믿음이지. 공포에 대해서 사랑이지. 절망에 대해서 희망이지. 이것이 고린도전서 13장 마지막 절[14]이지. 요 차이지. 그래서 승승혜인가, 뇌뢰혜인가. 근데 뇌뢰혜, 이렇게 되면 아주 불안, 공포, 절망이지. 승승혜, 그러면 희망과 사랑과

---

13. 야스퍼스(Karl Jaspers, 1883~1969): 독일의 실존철학자. 『이성과 실존』, 『철학』, 『현대의 정신적 상황』 등의 저술이 있다. 김흥호(2004), 〈야스퍼스〉, 앞의 책, pp. 107~200. 김흥호, 〈야스퍼스〉, 『인물중심의 철학사(경험론 편)』, 서양철학 우리 심성으로 읽기 5(서울: 사색출판사, 2007), pp. 234~45.
14. 고린도전서 13:13 "그런즉 믿음, 소망, 사랑, 이 세 가지는 항상 있을 것인데 그 중의 제일은 사랑이라."

믿음, 이렇게 되는 거죠.

자, 그래서 승승혜乘乘兮 약무소귀若無所歸.

중인개유여衆人皆有餘. 아독약유我獨若遺.
아우인지심야재我愚人之心也哉.

중인개유여衆人皆有餘, 많은 사람들, 모든 사람들은 다 여유가 있는 거 같다. 이것도 여유가 있는 거 같다 그런 거보다 다 집이 있으니까 집안에서 아주 여유롭게 산다, 이렇게 해석할 수도 있어요.

그런데 아독약유我獨若遺, 나는 집이 없으니까 그냥 버림받은 거 같다. 유기라는 거지. 난 그냥 버림받은 것 같애. 아우인지심야재我愚人之心也哉, 이것도 두 가지로 또 해석해야죠. 이것도 비극적으로 해석할 수도 있고, 낙관적으로 해석할 수도 있고. 우인愚人이라는 것도 좋게 말하기도 하고 나쁘게 말하기도 하고. 아우인지심야재我愚人之心也哉, 난 그런 심정이다. 얼핏 보면 어리석은 사람 같지만 어리석은 사람이 아니다 이렇게 해석할 수도 있고, 또 얼핏 보면 어리석은 것 같지만 난 어리석은 것보다 더 어리석은 사람, 이렇게 할 수도 있고. 그래서 이것도 두 가지로 해석을 해야 된다는 거죠.

돈돈혜 沌沌兮.
속인소소俗人昭昭. 아독약혼我獨若昏.
속인찰찰俗人察察. 아독민민我獨悶悶.

그다음에 돈돈혜沌沌兮 하는 것도 돈돈혜沌沌兮인가, 순순혜純純兮인가? 돈돈沌沌은 흐릴 돈沌 자거든. 흐려서 아무것도 보이지 않는다. 엄마가 보이지 않는다. 그러니까 기가 막힌다. 순순혜 그러면 엄마와 같이 노니까 한없이 즐겁다 또 이런 말이 되는 거죠.

속인소소俗人昭昭, 속인들은 다 명랑하고 아독약혼我獨若昏, 나만 어리석은 거 같고. 속인찰찰俗人察察, 속인들은 똑똑하고 아독민민我獨悶悶, 나는 바보 같고, 그렇게 해석할 수도 있고 또 그 반대로 해석할 수도 있어요.

속인들은 똑똑한 거 같지만 나는 그런 똑똑은 아니다. 나는 더 높은 똑똑이다. 속인은 명랑한 거 같지만 난 그보다 더 명랑하다 그렇게 해석할 수 도 있고. 그것도 두 가지로 다 해석해야 돼요.

담혜기약해 澹兮其若海.
요혜 사무소지 飂兮似無所止.

그다음에 담혜澹兮인가, 홀혜忽兮인가. 담혜 그러면 암담하다 이렇게 해석할 수 있고. 홀혜 그러면 황홀恍惚하다 이렇게 해석할 수 있고. 이것도 암담한가, 황홀한가, 반대죠.

기약해其若海, 이것도 바다인데 요혜飂兮인가, 적혜寂兮인가. 요혜飂兮 그러면 폭풍이지. 적혜寂兮 그러면 아주 고요한 바다지. 아주 고요한 바다에서 즐기고 노는가, 폭풍에 시달려서 그만 죽게 됐는가. 그런 차이란 말이지. 그러니까 절망인가 희망인가 이렇게 돼야 하거든. 요혜飂兮 사무소지似無所止, 무소지無所止, 그칠 바가 없다 할 때도 이것도 좋게도, 나쁘게도. 그치지 않고 얼마든지 놀러 돌아다닌다, 이렇게 할 수도 있고. 이젠 더 절망에 빠져서 살 수도 없다, 이렇게 할 수도 있고.

중인개유이 衆人皆有以. 아독완차비 我獨頑且鄙.

중인개유이衆人皆有以, 모든 사람들이 유이有以, 다 가진 것 같은데, 다 잘난 것 같은데 아독완차비我獨頑且鄙, 나 혼자 완고하고 촌스럽다, 이렇게 할 수도 있고. 나 혼자 세상을 초월하고, 나 혼자 세상을 자유롭게 산다, 이렇게 할 수도 있고. 그것도 또 둘로 바꿔 생각하면 돼요.

아독이어인我獨異於人. 이귀구식어모而貴求食於母.

아독이어인我獨異於人, 나하고 세상 사람하고 다른 건 뭔가? 하나는 이귀구식어모而貴求食於母라. 이것도 나는 엄마를 찾는 거다, 이렇게 해석할 수도 있고, 나는 엄마와 같이 사는 거다, 이렇게 해석할 수도 있고, 두 가지로 해석해야 돼요.

하나는 비관적으로, 하나는 낙관적으로. 그렇기 때문에 이 글은 아주 중복 돼있어서 해석하기가 참 어렵죠. 이걸 요 몇 개만 고쳐 놓고서 하려면 엉망이 되고 말아요. 그러니까 사상이 두 가지로 되어있다는 것을 우리가 알아야 되죠.

자, 그래서 엄마를 찾은 건가, 엄마를 못 찾은 건가? 그것에 따라서 두 가지로 갈린다. 더 설명 안 해도 알겠죠?

권재의 주해에서 권재 역시 천우군자[15] 쪽으로 붙은 사람이죠. 이쪽 말고, 저쪽으로 붙은 사람이에요. 그래서 이 내용을 소위 무지無知, 무욕無欲, 무위無爲, 이렇게 보는 거죠. 아까 박혜泊兮, 그럴 때 이것을 무지, 이렇게 봐요. 또 아까 모든 사람들은 다 여유가 있는데 난 아무것도 없다 그럴 때 그걸 소위 무욕이라 이렇게 보죠. 또 맨 마지막에 중인개유이衆人皆有以 할 때, 모든 사람은 뭘 하는 게 있는 것 같은데 나는 아무것도 하는 것이 없다, 그걸 무위라 이렇게. 그래서 무지, 무욕, 무위, 이렇게 해석해요.

---

15. "하나님을 믿고 사는 사람들은 천우군자天佑君子지." 앞의 p. 183 참조.

무지, 무욕, 무위, 하는 게 노자 혹은 장자의 핵심사상이죠. 이건 뭐 반야심경에도, 무지, 무득, 그렇게 돼있어요. 무득이나 무욕이나 같은 말이죠. 무위라는 것도 자연이란 말이니까 무지·무욕·무위, 이것이 아주 노자사상의 핵심이죠.
　더 쉽게 말하면 무지無知 그럴 때는 지知가 없다 이렇게 해석할 수도 있죠. 지가 없다 이렇게 해석할 수도 있지만 지가 무슨 지냐 하면 통일지니까 분별지는 없다 이렇게 해석할 수도 있죠. 분별지가 없고 무슨 지인가? 통일지다. 전체를 보는 거다. 혹은 스피노자처럼 꿰뚫어보는 거다. 직관지다, 이렇게 되는 거죠. 직관지라 해도 되고, 통일지라 해도 되고. 전체를 보는 지다, 이럴 땐 무無 그러는 것이 없다는 말이 아니라 전체다, 통째로 보는 거다. 자연을, 우주를 꿰뚫어본다. 통째로 본다. 더 알 것이 없다. 통째로 보면 다 보는 거니까 더 알 것이 없다. 그렇게 해서 무지라는 거죠.
　그다음 무욕이라. 우주가 다 내 건데, 우리가 소동파의 「적벽부」에 보면 거기에 나오는 게 명월과 청풍이거든. 명월도 내 거고 청풍도 내 건데 우리가 더 바랄 게 뭐 있나. 이런 사상, 소동파란 사람이 불교 신자니까 같은 사상이지요.
　그러니까 무욕 하면, 아무 욕심이 없다, 이렇게 말할 수도 있고, 더 크게 말할 땐, 이 우주가 다 내 건데 더 가질 게 뭔가. 이것이 무소유의 사상이지요. 무소유라는 게 아무것도 가진 게 없다는 뜻도 있지만 우주 전체가 내 거다, 이런 뜻도 있다는 말이지요.

또 무위 그러는 건 아무것도 하는 것이 없다, 그런 뜻도 되지만 우주와 함께 움직이고 있는데 더 할 것이 뭔가, 이런 뜻도 되죠. 우주의 움직임이 결국 내 움직임이야. 그러니 더 할 것이 뭐 있겠는가. 하나님하고 나하고 같이 일하는데 더 할 것이 뭐 있는가. 엄마한테 업혀 다니는데 더 할 것이 뭐 있는가. 엄마가 가면 나도 가고, 엄마가 멎으면 나도 멎고, 더 할 것이 뭐 있는가, 이런 식이 되죠.

이것을 크게 보면 무지 그러면 직관이란 말이고, 무욕 그럴 때는 우주가 내 거다, 란 말이 되고, 무위 그럴 땐 우주와 같이 돌아간다가 되고. 하나님이 일하시니 나도 일한다. 이것이 무위라. 하나님이 일하시니 나도 일해.

그래서 무지·무욕·무위, 이게 노자의 핵심사상이다, 이렇게 보는 거지요.

권재구의

爲道日損. 爲學日益. 此等字義. 不可與儒書同論. 學則離道矣. 絶學而歸之無. 則無憂矣. 唯. 阿. 皆諾也. 人之學者以善爲勝惡. 是猶曰唯勝阿也. 不若幷善之名無之. 此卽天下皆知美之爲美斯惡矣之意. 雖然古之知道者. 雖以善惡皆不可爲. 而何嘗無所畏. 凡人之所畏者. 我未嘗不畏之. 若皆以爲不足畏. 則其爲荒亂何所窮極. 荒. 亂也. 未央. 無窮極也. 禪家曰. 豁達空撥因果. 便是人之所畏而不畏也. 莽莽蕩蕩招殃禍. 便是荒兮其未央哉. 衆人之樂於世味也. 如享太牢. 如春登臺. 而我獨甘守淡泊. 百念不形. 如嬰兒未孩之時. 乘乘然無所歸止. 兆. 形也. 萌也. 此心不萌不動. 故曰未兆. 嬰. 方生也. 孩. 稍長也. 嬰兒之心. 全無知識. 乘乘. 若動不動之意. 無所歸. 不著迹也. 此我之所以異於衆人也. 衆人皆有求贏餘之心. 而我獨若遺棄之. 我登愚而如此沌沌然乎. 沌沌. 渾渾無知之貌. 此意蓋謂我之爲道以不足爲樂. 而無有餘之心. 非我愚而汝智也. 昏昏悶悶. 卽沌沌是也. 俗人昭昭察察. 而我獨昏昏悶悶. 此其所以異於人也. 其心淡泊. 如乘舟大海之中. 風飂然而無所止宿. 此卽乘乘若無歸之意也. 有以. 有爲也. 衆人皆有爲. 而我甘於不求. 故若頑若鄙. 我豈眞頑鄙哉. 我之所以異於人者. 味於道而已. 有名萬物之母. 母. 卽道也. 食. 味也. 貴求食於母. 言以求味於道爲貴也.

자, 그럼 권재의 주를 읽어봐요.

위도일손爲道日損. 위학일익爲學日益. 차등자의此等字義.
불가여유서동론不可與儒書同論. 학즉리도의學則離道矣.

위도일손爲道日損, 도는 — 이건 다음 주에 또 나와요 — 자꾸 줄이는 거고, 위학일익爲學日益, 학문은 자꾸 늘이는 거다. 자꾸 줄여서 어디까지 가냐 하면 저기도 말했듯이 무까지 간다.

무지가 되고, 무위가 되고, 무욕이 되어야 도지, 그게 아니면 도가 아니다. 도는 하나님하고 같이 사는 게 도니까. 하나님하고 같이 사니까 더 할 것도 없고, 하나님하고 같이 있으니까 더 가질 것도 없고, 하나님하고 같이 보니까 더 볼 것도 없고, 그렇게 되거든.

차등자의此等字義, 이런 글자들은 불가여유서동론不可與儒書同論, 공자의 논어, 이런 거하고는 차원이 다르다. 이건 형이상학이니까.

학즉리도의學則離道矣, 형이하학에 머물러 있으면 이도離道라. 도를 떠나는 거다. 도는 형이상학이니까, 형이하에 머물러 있으면 형이상은 아니다. 과학 그러면 이건 철학이 아니다.

절학이귀지무絶學而歸之無. 즉무우의則無憂矣.
유唯. 아阿. 개락야皆諾也.

절학이귀지무絶學而歸之無라. 과학을 초월해야 철학이 된다.

귀지무라. 무라는 것이 소위 철학이죠. 즉무우의則無憂矣, 그렇게 되면 아무 걱정이 없다. 불안도 절망도 공포도 아무 걱정이 없다. 그리고 다만 희망과 사랑과 믿음이 있을 뿐이다.

유아개락야唯阿皆諾也, 요새처럼 예스(yes)라, 노(no)라 그래도 좋고, 또는 존경스레 네~ 혹은 왜? 그렇게 말해도 좋고. 그건 학자에 따라서 나처럼 해석하는 사람도 있고, 또 다르게 해석하는 사람도 있죠. 아무튼 유唯나 아阿나 다 대답하는 말이에요.

인지학자이선위승악人之學者以善爲勝惡.
시유왈유승아야是猶曰唯勝阿也.

인지학자人之學者, 세상 사람들은 이선위승악以善爲勝惡, 선을 악보다 더 낫다고 생각한다. 공자의 사상이 그런 거죠. 권선징악이지. 선이 악보다 더 좋다. 그래서 성선설性善說이 나오는 게 아니겠어요.

시유왈유승아야是猶曰唯勝阿也, 시是, 이거는 뭐와 같은가 하면 유唯, 예스(yes)가 노(no)보다 앞섰다, 이렇게 보는 사상이나 같다, 라는 말이다.

요전에 내가 말했죠. 입학한 거하고 떨어진 거하고 얼마나 차이가 있는가? 1점 차이다 이거지.

그런데 노자는 그런 게 아니거든. 선악을 초월해라, 이렇게 되거든. 선악의 저 편에, 거기에 진짜 선이 있는 거지. 우리가 선악을 넘어서지 못하면 안 된다 이렇게 되죠.

불약병선지명무지 不若倂善之名無之.
차즉천하개지미지위미사오의지의 此卽天下皆知美之爲美斯惡矣之意.

불약병선지명무지不若倂善之名無之, 선악을 초월하는 거, 그것만 같지 못하다. 차즉此卽 천하개지天下皆知 미지위미美之爲美 사오의지의斯惡矣之意, 세상이 미인하고 못생긴 사람하고 자꾸 갈라놓으려고 하는데 그렇게 하면 안 된다.[16] 결국 미인과 미인 아닌 사람을 초월해야 된다. 그렇게 해야 된다. 코가 오똑한 사람하고 코가 납작한 사람하고, 코가 오똑한 사람은 미인이라 그러고 납작한 사람은 미인이 아니라 그러는데 그거보다는 콧구멍에 바람이 잘 들어가야 된다 이거죠. 바람이 잘 들어가야지 코가 막혀 놓으면 아무리 미인이면 뭐해요.

그러니까 언제나 상대를 초월해서 절대를 살아야 한다. 이것이 실존이라는 거지. 상대를 초월해서 절대를 살아야 한다.

수연고지지도자 雖然古之知道者.

---

16. 제2장 노자 본문 "천하개지天下皆知 미지위미美之爲美 사오의斯惡矣." 1권, p. 170 참조.

수이선악개불가위 雖以善惡皆不可爲.
이하상무소외 而何嘗無所畏.

수연雖然, 그렇지만 고지지도자古之知道者, 옛날에 도에 통한 사람들은 수이선악개불가위雖以善惡皆不可爲, 선악을 초월했다고 하지만 이하상무소외而何嘗無所畏, 선악을 초월했다고 해서 악을 해도 좋다, 그런 말은 아니다. 선악을 초월했다 해서 악을 하라는 게 아니야. 선악을 초월했다면 더 선하라는 거지. 더 선하라는 거지 악을 해도 된다, 이런 건 아니다. 하상무소외何嘗無所畏, 그러니까 악은 언제나 절대 거절해야 된다.

범인지소외자 凡人之所畏者. 아미상불외지 我未嘗不畏之.
약개이위부족외 若皆以爲不足畏.
즉기위황란하소궁극 則其爲荒亂何所窮極.
황荒. 난야亂也. 미앙未央. 무궁극야無窮極也.

범인지소외자凡人之所畏者, 모든 세상 사람들은 다 악을 싫어해. 소외자야. 악을 싫어해. 아미상불외지我未嘗不畏之, 나는 더 싫어해야 돼. 약개이위부족외若皆以爲不足畏, 선악을 초월한 사람은 악을 해도 괜찮다, 이렇게 생각하면 즉기위황난하소궁극則其爲荒亂何所窮極, 세상이 다 악마의 세상이 되고 만다. 그렇게 되면 아주 엉망이 되고 만다.

황황荒 난야亂也, 황황荒은 난란亂이란 말이다. 미앙미未央 무궁극야無窮極也, 미앙미未央은 아주 끝없이 악해진다는 말이다.

선가왈禪家曰. 활달공발인과豁達空撥因果.
편시인지소외이불외야便是人之所畏而不畏也.
망망탕탕초앙화莽莽蕩蕩招殃禍.
편시황혜기미앙재便是荒兮其未央哉.

요전에 이거 나왔죠. 선가왈禪家曰 활달공豁達空, 활달공이란 깨닫지 못하고도 깨달은 줄 알고 그렇게 생각하는 거, 깨닫지 못하고도 깨달았다 이러는 사람들이 아주 많다. 활달공豁達空은 발인과撥因果, 발인과라고 하는 지옥에 빠진다. 지옥에 빠지는 거야. 깨닫지 못하고 깨달았다고 생각하는 사람은 지옥에 빠진다. 편시인지소외이불외야便是人之所畏而不畏也, 세상 사람들이 싫어하는 것을 싫어하지 않기 때문에 그런 거야. 악은 그냥 미워해야 하는데 그걸 미워하지 않기 때문에 그런 거야.

망망탕탕莽莽蕩蕩 초앙화招殃禍, 그렇게 되니까 엉망진창이 되어서 결국 많은 재앙을 끌어들이게 된다. 이건 요전에 1장인가 어디에 나왔어요.[17] 편시황혜기미앙재便是荒兮其未央哉, 이것은 세상이 아주 난세가 되어서 끝없이 악해진다는 말이다.

---

17. 1권 제1장 p. 144 참조.

중인지락어세미야衆人之樂於世味也.
여향태뢰如享太牢. 여춘등대如春登臺.
이아독감수담박而我獨甘守淡泊. 백념불형百念不形.
여영아미해지시如嬰兒未孩之時.
승승연무소귀지乘乘然無所歸止.

중인지락어세미야衆人之樂於世味也, 세상 사람들이 뭘 제일 좋아하나 그러면 여향태뢰如享太牢라. 산해진미, 우리로 말하면 진수성찬 이런 걸 태뢰라 그래요. 거 진수성찬을 좋아한다. 또 여춘등대如春登臺, 높은 다락에 올라가서 춤추고 노래 부르고 그러길 좋아한다.

그러나 이아독감수담박而我獨甘守淡泊, 나는 그런 거 다 관심이 없고 오로지 담박한 거, 맑고 깨끗하고 조용한 거 그런 걸 좋아한다. 백념불형百念不形, 난 아무 생각이 없다. 세상에 대해서 아무 생각이 없다. 이건 아주 좋게 말하는 거죠.

여영아미해지시如嬰兒未孩之時, 마치 영아가 승승연무소귀지乘乘然無所歸止, 엄마의 등에 업혀서 여기저기 돌아다니면서 하루 종일 구경하는 거나 마찬가지다.

조兆. 형야形也. 맹야萌也.
차심불맹부동此心不萌不動. 고왈미조故曰未兆.
영嬰. 방생야方生也. 해孩. 초장야稍長也.
영아지심嬰兒之心. 전무지식全無知識.

승승승승. 약동부동지의若動不動之意.
무소귀無所歸. 불착적야不著迹也.
차아지소이이어중인야此我之所以異於衆人也.

조兆는 형야形也다. 여기서는 형을 생각도 안 한다. 혹은 맹야萌也, 또 이것도 그런 생각이 나오지도 않는다는 것이다. 즉 차심불맹부동此心不萌不動, 내 마음은 세상에 대해서 아무 생각도 나오지 않고 움직이지도 않는다. 고왈미조故曰未兆, 그런 말을 미조라 그런다.

영嬰은 방생方生이야. 지금 태어났다. 해孩는 초장야稍長也, 조금 큰 아이야. 영아지심嬰兒之心, 어린애의 마음은, 전무지식全無知識, 자, 이 전무지식은 어린애는 아무것도 모른다 그런 뜻 같지만 내용은 그렇지 않아요. 이거는 전체지, 통일지다. 전무지식, 어린애의 마음은 통일지야.

승승승승乘乘 약동부동지의若動不動之意, 승승승승乘乘이라는 건 어머니 등에 업혔으니까 어머닌 움직이지만 나는 움직이지 않지. 배를 탄 거나 마찬가지지. 무소귀無所歸, 무소귀無所歸라는 건 돌아갈 데가 없다, 그런 소리가 아니라 불착적야不著迹也, 집착하지 않는다. 이 세상에 대해서 집착하지 않는다. 이 세상을 초월한다 그런 소리라 이거죠. 이 사람은 아주 생각이 다르잖아요.

차아지소이이어중인야此我之所以異於衆人也, 세상 사람들은

이 세상에 집착을 해서 먹을 것만 찾고 야단인데 나는 이 세상에 집착하지 않는다. 이것이 다른 거다.

중인개유구영여지심 衆人皆有求贏餘之心.
이아독약유기지 而我獨若遺棄之.

중인개유구영여지심衆人皆有求贏餘之心, 영贏도 남을 영, 여餘도 남을 여. 돈도 뭐 십억 정도 가지곤 안 되고 백억, 천억 이렇게 자꾸 많이 가지려고 하는 거, 이거 자본주의지. 자꾸 많이 가지려고 그런다.
이아독약유기지而我獨若遺棄之, 난 그런 데 관심이 없다. 유기지, 다 버리고 만다. 이것이 무욕이라는 거지. 다 버렸다는 것은 무욕이나 같은 말이지.

아등우이여차돈돈연호我登愚而如此沌沌然乎.
돈돈沌沌. 혼돈무지지모渾沌無知之貌.

아등우이여차돈돈연호我登愚而如此沌沌然乎, 이 어리석음에 올라가서 돈돈, 답답한 거 같다. 그렇지만 이 사람이 답답하다는 말은 거저 답답한 게 아니고 분별지를 초월했다 이렇게 보는 거지요.
그다음에 보면 돈돈沌沌은 혼돈무지지모渾沌無知之貌라 이

렇게 되거든. 그러니까 이건 통일지라. 이건 통일지지 분별지가 아니다. 이 사람은 그렇게 해석하는 거지. 이 사람은 자꾸 공자식으로 해석하는 거지요.

차의개위아지위도이부족위락此意蓋謂我之爲道以不足爲樂.
이무유여지심而無有餘之心.

차의개위아지위도이부족위락此意蓋謂我之爲道以不足爲樂이라. 나는 도에 관심이 있는 사람이니까 이부족위락以不足爲樂, 없는 게 더 즐겁다. 소위 안빈낙도安貧樂道라 이거지. 가난한 게 더 즐거워. 안자顔子가 그랬죠. 안빈낙도라. 그러니까 이것이 무욕이 되는 거지. 무유여지심無有餘之心, 아무것도 가지고 싶은 마음이 없다. 이것이 안빈낙도라고 하는 무욕의 세계지.

비아우이여지야非我愚而汝智也.
혼혼민민昏昏悶悶. 즉돈돈시야卽沌沌是也.
속인소소찰찰俗人昭昭察察. 이아독혼혼민민而我獨昏昏悶悶.
차기소이이어인야此其所以異於人也.

비아우이여지야非我愚而汝智也, 나는 어리석고 너는 똑똑한 거 같지. 그러나 혼혼민민昏昏悶悶이야. 나는 전체지를 가진 거야. 나는 통일지를 가진 거야. 즉돈돈시야卽沌沌是也, 돈돈이라는 게 통일지란 말이죠. 암담해서 아무것도 못 본단 말이 아니라 분별지를 초월한 통일지로 본다.

속인소소찰찰俗人昭昭察察, 이것은 속인이 똑똑한 게 아니라 분별지에 빠졌다 이렇게 보는 거지. 분별지에 빠졌다. 이아독혼혼민민而我獨昏昏悶悶, 나는 혼혼민민 하는 것 같지만 통일지를 가진 사람이다.

차기소이이어인야此其所以異於人也, 보통 사람은 과학잔데 나는 철학자. 그게 다르다. 보통 사람은 세상에 속했는데 나는 하늘에 속했다.

기심담박其心淡泊. 여승주대해지중如乘舟大海之中.
풍요연이무소지숙風飂然而無所止宿.
차즉승승약무귀지의야此卽乘乘若無歸之意也.

기심담박其心淡泊, 내 마음은 아무런 욕심이 없고 깨끗해. 여승주대해지중如乘舟大海之中 풍요연이무소지숙風飂然而無所止宿, 배를 타고 바다에 나갔는데, 풍요연風飂然 이렇게 쓰고도 해석할 땐 바람은 아주 고요해. 고요하게 이무소지숙而無所止宿이야. 어디 가서 머무는, 그런 게 없고 계속 자유롭게 돌아다닌다. 그러니까 장자의 소요유나 같은 사상이죠.

차즉此卽 승승약무귀지의야乘乘若無歸之意也, 하늘을 날아다니니까 언제 뭐 집에 내려오고 그럴 새가 없어. 갈매기 같은 거 그냥 바다에서 이삼 년을 산다는 거지. 섬에는 한 번도 들러보지 않고 그냥 바다에서 산다는 거지.

유이 有以. 유위야 有爲也.
중인개유위 衆人皆有爲. 이아감어불구 而我甘於不求.

유이 有以는 유위야 有爲也라. 사람들은 다 유위 有爲지만 나는 무위라 이거거든. 나는 무위다. 이아감어불구 而我甘於不求, 나는 구하지 않는 걸 좋아한다. 구하지 않는 것, 무욕이라 이거지.

고약완약비 故若頑若鄙. 아기진완비재 我豈眞頑鄙哉.

고약완약비 故若頑若鄙 아기진완비재 我豈眞頑鄙哉, 나는 완차비완차비 頑且鄙, 어리석은 것 같다. 무지한 것 같다. 완고하고 시골뜨기고 무지한 것 같다. 그런데 내가 진짜 무지한 건가? 아니야. 나는 통일지를 가졌으니까, 나는 직관지를 가졌으니까, 꿰뚫어 보는 사람이니까 무지가 아니라 진짜 아는 사람이다.

아지소이이어인자 我之所以異於人者. 미어도이이미 於道而已.

아지소이이어인자 我之所以異於人者, 내가 보통 사람하고 다른 게 뭔가? 미어도이이味於道而已, 도를 맛보지 못했다는 것은 물론 아니고, 도를 찾는 중이라는 것도 아니고, 도를 맛보고 있다. 공자식이지. 도를 맛보고 있다.

유명만물지모有名萬物之母.
모母. 즉도야卽道也.
식食. 미야味也.
귀구식어모貴求食於母.
언이구미어도위귀야言以求味於道爲貴也.

유명만물지모有名萬物之母, 노자 1장에 유명은 만물지모라 그랬는데, 모母 즉도야卽道也, 그 모라는 것이 도라는 뜻이다. 기독교로 말하면 하나님이란 뜻이다. 식食은 미야味也, 맛본다는 뜻이다. 그러니까 하나님하고 같이 살고 있다 그 소리지. 귀구식어모貴求食於母, 이 말은 결국 언이구미어도위귀야言以求味於道爲貴也, 하나님하고 같이 사는 거, 이게 가장 귀한 거고, 가장 행복한 거다 그렇게 나는 생각한다. 이 사람은 아주 낙관적으로 해석을 하는 거죠.

그러니까 이 장의 해석은 언제나 두 가지가 다 있어야 되죠. 낙관으로도, 비관으로도.

여길 보의 주

약영아지미해 若嬰兒之未孩·
즉색기태폐기문 則塞其兌閉其門·
이무미지족기 而無味之足嗜· 무견지족열 無見之足悅·
승승혜약무소귀 乘乘兮若無所歸·
이언유만물지승 以言唯萬物之乘·
이재기무거야 而在己無居也·

약영아지미해若嬰兒之未孩라는 말은, 어린애, 어린아이 같다는 말은 즉則 색기태塞其兌 폐기문閉其門이다. 이건 노자사상의 하나의 핵심이죠. 색기태塞其兌라는 것은 먹는 것을 초월한다. 태兌는 먹는 것, 입이라는 말이니까. 먹는 것을 초월하고, 폐기문閉其門, 남녀를 초월했다. 색色을 초월한다는 거죠. 식을 초월하고 색을 초월했다. 살 만큼 먹는 거고, 필요하니 만큼 낳는 거지, 그 이상은 아니다. 식을 초월하고 색을 초월했다.

그리고 이무미지족기而無味之足嗜, 식을 초월한 진리의 맛을 즐긴다. 먹을 걸로만 사는 게 아니라 말씀으로 산다. 먹는 것도 좋지만 먹는 것보다도 말씀이 더 좋다. 무미지족기無味之足嗜야. 말씀이 더 맛있어. 무견지족열無見之足悅이야. 세상을 보는 것도 좋지만 보이지 않는 세계가 더 즐겁고 기뻐. 하나님의 나라가 더 기쁘다.

기독교로 말하면 진리의 기쁨과 생명의 즐거움이지요. 그 진리와 생명을 더 좋아한다. 한마디로 육체적인 삶이 아니고 정신적인 삶을 더 좋아한다. 무지·무욕·무위라는 거지. 이것이 정신적인 삶이지요.

승승혜乘乘兮 약무소귀若無所歸라는 말은, 이언以言 유만물지승唯萬物之乘 이재기而在己 무거야無居也라. 만물을 초월해서 살지, 이재기而在己 무거야無居也, 이 세상에 달라붙어서 사는 건 아니다. 세상에 집착해서 사는 게 아니다. 우리는 언제나 하나님 나라에 속해 있으면서 이 세상에 사는 거지, 이 세상에 속한 사람들은 아니다. 우린 악마의 자손들이 아니라 하나님의 아들들이다.

소자유의 주

세속이분별위지 世俗以分別爲知.
성인지군망지부족변야 聖人知羣妄之不足辨也.
고홀언약해 故忽焉若海·불견기진애 不見其津涯.
표연무정 漂然無定·불견기지숙 不見其止宿.

세속世俗, 세상 사람들은 이분별위지以分別爲知, 분별을 지라고 그러지만 성인聖人은 지군망지족변야知羣妄之不足辨也, 그 분별지는 부족하다 이렇게 본다. 그럼 성인은 어떤 지知인가? 그건 통일지다.

고故 홀언약해忽焉若海, 홀언忽焉, 아주 황홀해서 약해若海, 바다 같애. 그리고 불견기진애不見其津涯, 끝이 없어. 바다의 끝이 안 보여. 표연무정漂然無定 불견기지숙不見其止宿, 그 멈춘 바를 보지 못하는 거, 정해져 있는 것이 없다. 이건 한없이 자유롭게 다닌다, 그렇게 생각하면 되죠.

왕순보의 주

천비일무이욱물 天非日無以煜物.
인비학무이치도 人非學無以致道.
개소절자세속지학 蓋所絶者世俗之學.
이소귀자식모지학야 而所貴者食母之學也.
덕자만물지모 德者萬物之母.
이도우덕지모 而道又德之母.
미도자양味道自養. 즉무위무불위 則無爲無不爲.
이기락불가량의 而其樂不可量矣.

천비일天非日, 하늘에 태양이 없으면 무이욱물無以煜物, 물건을 비칠 수가 없다. 인비학人非學, 사람이 학문이 없으면 무이치도無以致道, 도에 들어갈 수가 없다.

개소절자蓋所絶者, 여기서 절학관絶學觀, 그 학문이란 세속지학世俗之學을 말하는 거다. 소귀자所貴者는 식모지학야食母之

學也이다. 이 사람이 중요하게 생각하는 것은 식모지학食母之學, 식모의 학이다. 덕자德者는 만물지모萬物之母라는 거고, 도道는 덕지모德之母, 또 덕의 어머니야.

미도味道, 이 도를 맛보고 자양自養, 스스로 잘 살면 그걸 무위무불위無爲無不爲라. 하는 것 없이도 하지 않는 것이 없다는 자유의 세계가 된다. 기락불가량의其樂不可量矣, 그 자유의 즐거움은 한없이 크다.

제21장

노자의 우주관

세상은 신비로 꽉 차있다.
이 세계는 마음으로 보는 세계,
눈 감고 보는 세계이지,
눈 뜨고 보는 세계가 아니다.

第二十一章 孔德之容

孔德之容·唯道是從.
道之爲物·唯恍唯惚. 惚兮恍·其中有象.
恍兮惚·其中有物. 窈兮冥·其中有精.
其精甚眞. 其中有信. 自古及今. 其名不去.
以閱衆甫. 吾何以知衆甫之然哉. 以此.

공덕지용孔德之容·유도시종唯道是從.

공덕지용孔德之容, 큰 덕의 모습은[1] 유도시종唯道是從, 도의 모습이나 같다. 예수님께서 나를 본 자는 하나님을 보았다 하는 말이나 같다는 거죠. 공덕지용孔德之容은 예수님의 모습이고, 유도唯道는 하나님의 모습이고. 나를 본 자는 하나님을 보았다 하는 거나 같다.

---

1. 〈제17강 2005년 5월 22일〉

도지위물道之爲物·유황유홀唯恍唯惚.
홀혜황惚兮恍·기중유상其中有象.

도지위물道之爲物, 하나님은 어떻게 생겼나? 유황유홀唯恍唯惚, 하나님은 한없이 영광스러워서. 기독교로 말하면 영광이지. 여기서는 황홀이라 그러지요. 한없이 황홀해서 홀혜황惚兮恍해. 한없이 황홀해서 알 수 없는데, 알 수 없으니 어떡해야 되나? 기중유상其中有象, 하나의 상징으로 표현해. 하나의 상징으로밖엔 표현할 수가 없다.

요전에 14장을 '인생관'이라고 했죠. 그런데 이 21장은 '우주관'이에요.

황혜홀恍兮惚·기중유물其中有物.

황혜홀恍兮惚, 황홀, 엑스터시(ecstasy)라는 거죠. 황혜홀恍兮惚한데 기중유물其中有物, 그렇다고 해서 그저 아무것도 없는 게 아니라 어떤 게 있다. 요전에 '인생관'은 뭐하고 같다 그랬죠? 닭이라고 했죠. 인생이라는 건 계란에서 깨어나온 거고, 또 계란을 낳는 거다. 그 말은 뭔가? 진리를 깨닫고, 진리를 생산하는 거다. 그걸 뭘로 비유하나? 닭으로 비유했다. 마찬가지지요. 이것도 우주를 뭘로 비교하나? 나중에 말하겠지만 하여튼 뭘로 비교해요.

요혜명窈兮冥·기중유정其中有精.
기정심진其精甚眞. 기중유신其中有信.

요혜명窈兮冥해. 그런데 그 물건이라는 건 어떤 건가 그러면 기중유정其中有精, 이 사람들은 우주를 뭐라고 생각하나? 시계로 생각한다. 왜? 우주가 나타내는 것이 시간이니까. 그 대표적인 것이 해와 달이죠. 해와 달, 해와 달만이 시간을 나타내는 게 아니라 별도 시간을 나타내요.

우주를 하나의 큰 시계로 보는 거죠. 근데 그 시계가 어떤 시계인가? 유정有精이야. 한없이 정밀하다. 해 돌아가는 거하고, 달 돌아가는 거하고, 하나도 틀리지 않는다.

옛날 사람들 해 돌아가는 것과 달 돌아가는 것이 일치한다. 그걸 설명하는 것이 우리나라의 소위 『천부경天符經』에 있죠. 천부경은 그걸 설명하자는 거지요. 아주 정밀해서 일분 일초도 틀림이 없다. 해와 달이 딱 들어맞는다.[2]

그걸 어떻게 맞추나 해서, 윤년이라고 4년에 한 번씩, 한 달씩 넣기도 하고, 또 일 년 중에 스무여드레를 스무아흐레로 하기도 하고, 그렇게 해서 맞춰가는 것, 그것을 천부경이라고 해요. 한없이 정밀해서 하나도 틀리지 않는다. 기정심진其精甚眞이야. 심진甚眞, 한없이 정확하다는 말이지요. 한없이 정확해,

---

2. 천부경天符經: 대종교의 기본 경전으로 환웅이 사람을 널리 이롭게 하려고 천부인 세 개를 가지고 와서 교화할 때, 우주 창조의 이치를 풀이한 81자로 된 참결이다. (국립국어원, 『표준국어대사전』)

시계가. 기중유신其中有信, 한없이 믿는 말이야. 한없이 믿는 말.

우주관은 종교에서는 신에 대한 얘기거든. 여러분도 알겠지만 우주관이라고 할 때, 종교적으로 말하면 신, 하나님이죠. 왜? 하나님이 우주를 창조했으니까. 철학적으로는 '우주관'이라 그러고, 종교적으로 말할 때는 '신관'이라 그러고. 하나님에 대해서 말하는 거죠.

여기서 믿음이라고 할 때 하나님에 대한 믿음이고 동시에 시계에 대한 믿음이죠. 시계를 딱 믿을 수 있어야지 시계가 왔다 갔다 하면 어떡하겠어요. 믿음이라 그래도 되고 더 알기 쉽게 말하면 하늘은 시계같이 정확하면서도 한없이 숭엄하다, 이렇게 해석해도 좋고. 그건 여러분 마음대로 해석하면 돼요.

이 노자, 이런 고전은 무슨 특별히 해석하는 방법이 있는 게 아니에요. 글자 그대로 뜻이 있는 게 아니죠. 이걸 전체로 직관해서 핵심을 붙잡아 거기에 맞춰서 해석하는 거죠.

그래서 어쩔 땐 정반대로 해석할 수도 있어요. '없을 무' 그러면 '없다' 그렇게 해석할 수도 있고, '있다' 이렇게 해석할 수도 있죠. 또 '절대 있다' 이럴 때가 '무'거든요. '절대무'라는 것은 '절대 있다' 이거거든요. 그게 '존재'라는 말이죠.

언제나 핵심을 직관해서 그걸 가지고 전체를 설명해나가고 해석해가면 그게 해석이지요. 뭐 글자를 어떻게 했다, 어떻게 했다, 그건 아무 의미가 없어요.

노자를 해석한 책이 많이 나왔는데, 글자 해석하자고 애쓰는 사람들도 많죠. 많은데 그렇게 되면 이 고전은 아무 의미가 없어요.

기독교 성경이나 화엄경이나 다 마찬가지죠. 전체적으로 해석해야지, 직관지가 되어야지, 분별지로 해서는 안 되죠.

자고급금自古及今. 기명불거其名不去. 이열중보以閱衆甫.
오하이지중보지연재吾何以知衆甫之然哉. 이차以此.

자고급금自古及今, 옛날부터 지금까지 기명불거其名不去, 이 우주라는 게 없어진 때가 없다. 계속 있는 거지. 이열중보以閱衆甫, 그런데 우주라고 하는 거 — 이럴 땐 우주보단 하나님이지요 — 이 하나님이 뭘 하는 하나님인가? 중보衆甫, 우주만물이야. 우주만물을 다 보살피는 분이야. 섭리자지. 볼 열閱 자. 우주만물을 다 보살피는 분이야.

오하이지吾何以知 중보지연재衆甫之然哉, 우주만물이 이런 줄 어떻게 알게 됐나? 이차以此, 내가 하나님을 알고부터 이 우주를 알게 됐다.

금강경운 金剛經云
과거심불가득 過去心不可得.
현재심불가득 現在心不可得.
미래심불가득 未來心不可得.
미심상좌점개심 未審上座點個心.

금강경운金剛經云, 금강경에 말하기를, 과거심불가득過去心不可得 현재심불가득現在心不可得 미래심불가득未來心不可得이라.

과거심過去心, 과거는 지나갔으니까 붙잡을 수 없고, 미래는 오지 않았으니까 붙잡을 수 없고, 현재는, 순간에 딱 멎어라 그러면, 딱 없어지니까, 붙잡을 수 없는 거고, 다 붙잡을 수 없는 거다. 그런데 미심未審, 잘 모르겠지만 상좌上座, 당신은 점개심點個心, 어느 마음에 점을 찍으려 하십니까?[3]

이건 여러분 다 알죠. 덕산이라는 사람이 금강경 박사예요. 주덕산이지. 금강경 박사인데, 금강경을 강의하러 어떤 고을에 찾아갔다. 찾아갔는데 강의 시간이 1시나 2시쯤 됐다. 그래서 점심을 먹고 가야겠다 하고 점심 파는 집에 들어갔다. 보통 우리가 아는 떡집이죠. 떡집에 들어가서 떡을 주시오 그러니까 떡집 할머니가 당신이 지고 온 건 뭐요? 이건 금강경에 대한 해석이요. 이 사람의 박사논문이라 이거죠. 금강경의 해석이요. 그

---

3. 오경웅(1967), 『선禪의 황금시대: 선의 불꽃을 이어온 사람들』, 류시화 옮김(서울: 경서원, 1986/2005) pp. 176~79 참조.

래서 이 사람의 별명이 주박사야. 아주 금강경 박사지. 중국에선 금강경에 대해선 아주 최고로 아는 사람이다 이거지.

그러니까 그 할머니 말이 나도 금강경을 배웠는데 그 금강경 속에 과거심불가득, 현재심불가득, 미래심불가득이란 말이 있는데 미심未審, 내가 잘 모르는 게 있다. 뭘 잘 모르나. 당신 같으면 점개심點個心, 어느 마음에 점을 찍을 건가?

이것이 소위 '점심' 의 시작이지. 우리가 점심이라고 그러죠. 점심 먹는다 그러죠. 이게 점심 먹는다는 말의 근원이에요. 그러니까 당신은 어느 마음에 점을 찍으려고 하는가. 과거심에 점을 찍으려고 하는가, 미래심에, 현재심에, 어느 심에 찍으려고 하는가? 불가득인데 어떻게 점을 찍어요. 찍을 데가 아무데도 없지. 이 사람이 어물어물 하니까 난 당신한테 떡을 팔 수가 없소. 난 당신한테 떡을 팔 수 없소 그러니까, 이 금강 주박사가, 금강경 논문을 많이 썼는데도 떡 한 끼 사먹을 내용이 안 되니 이 금강경을 해서는, 주석은 해서 뭐하냐 하고 나가서 불사르고 말았다는 거죠. 아주 다 불 질러버리고 말았어요. 이게 말하자면 분별지 가지고는 안 된다, 지금 그 얘기죠. 분별지 가지고는 안 된다.

이 사람이 지금 물어본 거는 통째로 물어본 거지, 무슨 분별지로 물어본 건 아니다 그 소리죠. 그래서 불사르고 말고, 그러고는 그 할머니한테 무릎을 꿇고 당신이 보통 할머니가 아닌데,

나한테 한마디 해줄 수 없느냐 그랬더니 내가 당신한테 한마디 할 수도 있지만 여기 더 좋은 선생님이 있다. 여기서 30리 올라가면 용담이라고 하는 데가 있는데 거기에 가면 용담스님이라고 하는 분이 계시니까 그 분을 찾아가라.

그래서 용담스님을 찾아갔다. 찾아갔더니 용담이 무슨 큰 골짜기, 폭포가 떨어지는, 그런 골짜기가 아니라 조그만 골짜기에 시냇물, 개울물만 졸졸졸 흘러가. 용담이라고 해서 굉장한 건 줄 알고 찾아왔는데 여기선 용도 못 살고 담도 아니로구나, 그렇게 말했다.

용도 아니로구나 하는 말은 거기에 어떤 늙은 할아버지 하나가 허름한 옷을 입고 앉아 있는데 별로 시원치가 않다. 그러니까 이건 용도 아니고, 시냇물도 제대로 흐르는 게 아니고 개울물이니까 이건 담도 아니로구나, 그렇게 말한 거죠.

그러니까 그 할아버지가 하는 말이, 아니, 네가 찾아온 여기가 용담이고, 너하고 마주 선 내가 용이다. 그렇게 말하는 거지. 그러면서 들어와라 그래가지고 며칠 동안 금강경을 강의해준 거지. 금강경은 이렇게 해야지 너처럼 그렇게 하면 안 된다고 가르쳐준 거죠. 유명한 말이지.

어느 날 밤, 밤늦게까지 선생님의 강의를 듣고 자기 암자에 가서 자려고 밖으로 나왔다. 밖으로 나왔더니 너무 캄캄해. 산이 얼마나 컴컴해. 그래서 선생님더러 도저히 숙소까지 찾아갈 수 없으니 촛불을 하나 켜달라 그랬더니 촛불을 하나 탁 켜줬어. 촛불을 가지고 길을 찾아가려고 일어서는데, 일어서는데 어떻게 했어요? 촛불을 훅, 선생님이 끄고 말았다. 그래서 할 수 없이 가만 앉아 있는데 더 캄캄해. 촛불이 꺼졌으니까.

한참 앉아 있으려니까 훤하게, 아까 말한 것처럼 황홀이 된 거지. 훤하게, 그리고 멀리 별빛이, 아까 요명窈冥이라는 거지. 멀리 별빛이 보여. 그래 차차, 차차 밝아져서 산등성이가 드러나고 시냇물이 빛나고, 길바닥이 보이기 시작해. 그래서 길바닥을 따라서 자기 자는 데까지 터벅터벅 갔다는 거죠.

자, 이것이 아까 말한 정精과 진眞과 신信이라는 거지. 불은 왜 껐겠어요? 불은 왜 껐을까? 분별지로 해서는 안 된다 이 말이죠. 분별지가 아니다. 저 별 빛은 뭐야. 이건 통일지다. 촛불은 끌 수 있지만 별빛은 끌 수 없다. 이게 영원한 빛이라. 이것이 직관지다. 너도 분별지 가지고는 안 된다. 통일지가 돼야지. 통일지로 보니까 어떻게 되느냐. 정과 진과 신이 보이기 시작했다. 그 소리에요.

자, 그 소리를 또 다시 설명하는 거예요.

필승의 주
석씨 다이관문시인오입 釋氏多以觀門示人悟入.

노자지언기복이차老子之言豈復異此.
고열중시 故閱眾始·즉전제공 則前際空.
관기요 觀其徼·즉후제공 則後際空.
만물병작관기복 萬物並作觀其復·즉당처공 則當處空.
일념귀근 一念歸根·삼제영단 三際永斷.

석씨釋氏, 석가는 다이관문多以觀門, 관觀이라는 거, 문門이라는 거, 이런 말을 많이 했다. 관觀도 꿰뚫어 보는 거고, 문도 꿰뚫어 들어가는 거고, 다 직관지直觀知죠. 시인오입示人悟入, 관문으로 사람을 가르쳐. 그래서 오입悟入, 깨달아 들어가게 해. 그러니까 분별지에서 통일지로 가게 만든다는 말이지요.

노자지언老子之言, 노자의 말도 기복이차豈復異此, 이거하고 뭐 다르겠는가. 노자도 석가나 마찬가지다.

고열중시故閱眾始 즉전제공則前際空, 아까 본문 끄트머리에 열중보閱眾甫라 그랬죠. 열중시閱眾始나 같은 말이에요.

관기요觀其徼 즉후제공則後際空, 관기요觀其徼, 이건 1장에 나오죠. 상무 관기묘, 상유 관기요, 그 말이 나오죠.

만물병작관기복萬物並作觀其復, 앞의 16장 본문에 "만물병작萬物竝作 오이관기복吾以觀其復"이라 나오죠. 즉당처공則當處空 일념귀근一念歸根, 16장에도 "귀근歸根"이란 말이 나오죠. 일념귀근一念歸根 삼제영단三際永斷이라.

요전에 16장 해석할 때, "치허극致虛極 수정독守靜篤"할 때

치허극 하는 말이 여기서 말하면 열중시閱衆始고. 수정독 할 때 그게 관기요. 만불병작, 이것이 소위 일념귀근이죠.

요걸 지금 다시 설명하는 거예요, 16장을. 그때 내가 뭐라고 했죠? 치허극 할 때는 원리를 아는 거고, 관기교 할 때는 작품을 내는 거고, 만물병작의 각귀기근各歸其根 할 때는 솜씨를 내는 거다 그랬죠.

의사라고 하면 원리를 아는 것하고, 또 새로운, 요새 황우석 교수처럼 새로운 이론을 내는 거, 또 그런 아주 교묘한 의학기술을 발전시키는 거죠. 베토벤, 음악의 원리와 월광곡, 음악의 작품과 베토벤의 피아노 솜씨, 요전에 내가 그렇게 설명했죠.

원리와 작품과 솜씨, 열중시, 모든 만물의 중시니까, 모든 만물의 원리를 알면 즉 전제공前際空, 과거라는 것이 없어지는 것이 아니고 현재까지 남아있게 된다 이거죠. 뭘로 남아있나요? 원리로서 남아있다는 거죠.

노자 그러면 노자가 이천 오백 년 전 책인데 우리는 지금 이걸 보고 있거든. 왜 우리가 이걸 보고 있나? 이건 과거의 지나간 책인데 우린 이 속에서 무엇을 찾고 있나? 사람이 사는 기본 원리를 찾고 있다. 그 기본 원리가 이 책에 있다. 이 책에 있으니까 이건 이천 오백 년 전 책이 아니라 오늘 우리의 책이지. 내 책이라 이거죠. 이건 지나간 책이 아니야. 이건 지금 우리하고 같이 있는 책이야. 그러니까 이 과거는 우리에게 뭘로 남아있나? 원리로 남아있다.

과거가 공空, 없어졌나? 없어진 게 아니야. 진공眞空이야. 진공이 뭐냐? 묘유妙有야. 없어진 게 아니고 지금 그대로 남아있는 거야. 노자가 이천 오백 년 전 책이라 해도, 읽어보면 오늘 말하는 거와 다른 거 하나도 없잖아요. 절학무우絶學無憂 그러면, 요전에 서울대학을 없이해야 된다, 이것이 오늘 얘기지 무슨 이천 오백 년 전 얘기가 아니잖아요. 그러니까 이건 옛날치 같은데 옛날치가 아니야. 이건 오늘치야. 왜? 이 속에 있는 원리는 영원불변이니까 오늘치야.

아까 과거심불가득, 과거심은 지나간 걸로 아는데, 과거심이 지나간 게 아니야. 원리로 지금 우리가 가지고 있는 거야. 전제前際란 과거란 말이지. 과거전제공過去前際空, 전제가 없어진 게 아니야. 원리로서 지금 여기 남아있는 거야.

공空은 뭐냐 하면 진공묘유라 그 소리죠. 과거는 없어진 게 아니야. 지금 그대로 남아있는 거야. 공은 허무가 아니야. 새로운 가치의 발견이야. 새로운 가치의 창조야. 자, 요런 거, 요 공이란 글자의 아주 묘미죠. 이게 없어진 게 아니야. 더 있는 거야. 뭘로? 원리로서.

그다음에 관기요觀其徼 즉후제공則後際空, 작품을 창조하면, 노자라는 작품을 창조하면 몇 천 년 내려가잖아요. 작품을 창조하면 후제공後際空, 미래라고 하는 것이 아직 안 온 게 아니야.

벌써 와 있어. 벌써 여기 와 있어. 만물병작관기복萬物竝作觀其復, 오늘의 현실을 우리가 깨닫고 보면, 즉당처공則當處空, 현재가 그냥 없어지는 게 아니야. 현재가 그냥 나고, 내가 현재야. 나와 같이 있는 거야. 이게 우리가 늘 말하는 시간성이라는 거지요. 하이데거의 시간성이라는 거죠.

자, 과거, 과거가 지나간 게 아니야. 지금도 여기 있어. 기재旣在야. 미래, 미래가 안 온 게 아니야. 벌써 여기 와 있어. 장래將來야. 현존現存, 현재가 지금 없어지는 게 아니야. 지금 현재, 내가 현존이야. 지금 여기 있는 거야. 이걸 소위 시간성이라 하죠. 하이데거의 시간성이나 이 말이나 같은 말이에요.

자, 그래서 일념귀근, 이게 현재지. 일념귀근一念歸根은 삼제영단三際永斷, 과거, 현재, 미래가 다 없어지고 뭐로 남아있나? 기재, 현존, 장래로 남아있어. 그게 삼제영단이란 거지. 과거, 현재, 미래는 영원히 끊어지고, 영원히 뭐로 남아있나? 원리와 작품과 방법으로 남아있다. 그게 시간성이라는 거지.[4]

전운약견제상비상典云若見諸相非相 즉견여래卽見如來.

전운典云, 불전에 말하기를[5] 약견제상비상若見諸相非相 즉견

---
4. 〈제17강 2005년 5월 22일〉 끝.
5. 〈제18강 2005년 5월 29일〉

여래卽見如來,⁶ 이 자연이라고 하는 거, 이게 자연이 아니라 신이다. 범신론이지요. 자연이 자연이 아니고 신이야. 불교에서 석가가 부처가 되니까 산천초목이 다 부처더라, 그런 거지요.

이 자연이라고 하는 건 한없이 신비하다. 한없이 신비해. 조그만 미생물 같은데 한없이 신비해. 그 신비한 것을 알게 돼야 정말 과학자지, 그 신비한 것을 모르면 과학자라고 할 수가 없다.

현지우현玄之又玄 중묘지문衆妙之門.⁷

현지우현玄之又玄, 지금 기억은 안 나지만, 현지우현玄之又玄 하는 걸 절망에 빠지고, 또 절망에 빠져야 중묘지문衆妙之門, 희망을 다시 찾게 된다, 이제 그런 식으로 해석한 사람도 있어요. 까맣고 까맣다는 걸 절망이다 이렇게 해석했어요.

키르케고르의 『죽음에 이르는 병』, 죽음에 이르는 병이 뭐냐 하면 절망인데, 절망은 절망이면서 절망이 아니다. 절망은 죽음에 이르는 병이면서 죽음에 이르는 병이 아니다. 그래서 예수가 나사로를 부활시키는 거지요. 거기 나오는 성경 말씀인데, 절망은 절망이면서 절망이 아니다. 왜? 그리스도가 있으니까. 그리

---

6 『금강경金剛經』, "凡所有相皆是虛妄 若見諸相非相 卽見如來." 석가가 수보리에게 들려준 사구게로 금강경의 주요경구이다.
7. 노자 제1장 끝부분.

스도가 있는 동안은 죽음은 죽음이 아니야. 그게 부활이야. 언제나 그리스도가 있는 곳에 부활이 있다.[8]

조왈祖曰, 십마물임마래 什麼物恁麼來.
왈曰, 설사일물즉부중 說似一物卽不中.
조왈祖曰, 환가증수부 還可證修否.
왈曰, 수증즉불무 修証卽不無, 오염 즉부득 汚染卽不得.
조왈祖曰, 불오염 不汚染 제불지소호념 諸佛之所護念.[9]

그다음에 조왈祖曰, 이건 21장 본문에 "유상有象", 그다음에 "유물有物" 이런 말이 나왔어요. "홀혜황" 하면 유상이고, "황혜홀" 하면 유물이라. 그런데 그거 상象과 물物이 어떻게 다른가? 상은 불교적으로 말하면 견성이나 같은 거고, 물은 성불이나 같은 거죠. 견성성불. 그러니까 상, 그럴 땐 견성이요. 물, 그럴 땐 성불이라 해석하는 거죠.

선수가 올림픽에 나갔다. 그건 견성이죠. 올림픽에 나가서 금메달을 땄다 그러면 성불이 되는 거지. 그냥 올림픽에만 나가서 한 바퀴 돌고 오면 안 되지. 역시 금메달을 따고 와야지. 그게 아주 중요하거든요.

그래서 거기 얘기 하나가 나오는데, 이건 혜능이라고 하는

---

8. 키르케고르(1849), 〈서론〉, 『죽음에 이르는 병』, 박환덕 옮김(서울: 범우사, 1975/2002), pp. 13~5 참조. 여기에 나오는 성경은 요한복음 11장 4절 "이 병은 죽음에 이르지 않는다."이다.
9. 『육조단경六祖壇經』, 〈불오염수不汚染修〉. 오경웅(1967), pp. 67~8.

사람의 제자, 혜능이란 사람의 제자가 여러 사람이죠. 그 가운데 이 사람은 남쪽에 있는 높은 산, 남악회양이란 사람이에요. 남악이 말하자면 금메달을 따 가지고 왔다. 금메달을 따 가지고 왔는데 십마물什麽物, 이거거든. 이 물물이라고 하는 건 형편없는 물이 아니고 아주 위대한 존재, 금메달을 따면 위대한 존재가 되는 거죠.[10]

어떻게 이렇게 위대한 존재가 임마래恁麽來, 나를 찾아왔는가? 어떻게 이렇게 올림픽 금메달을 딴 사람이 나를 찾아 왔는가? 그랬더니, 왈曰 설사일물즉부중說似一物卽不中, 물론 내가 금메달을 따긴 땄는데 운이 좋아서 땄지, 무슨 실력 있어서 땄겠습니까. 아주 겸손하게 그렇게 말한다. 다 선생님의 지도로써 따게 된 거지, 제가 무슨 실력 있어서 땄겠습니까. 선생님의 힘으로 땄습니다.

조왈祖曰, 조는 육조혜능이죠. 그 육조혜능이 말하기를 환가증수부還可證修否, 그럼 계속 활을 쏘느냐? 활로 금메달 딴 여자 누구죠? 박성현. 고 전에 또 김수녕이라고 있었죠. 금메달을 땄다. 환가증수부還可證修否, 돌아와서도 계속 활을 쏘고 있는 거지, 금메달 땄다고 그걸로 끝내고 이젠 활 안 쏜다, 그러지 않는 거지. 계속 활을 쏘고 있는 거지.

왈曰, 수증즉불무修証卽不無, 물론 계속 쏘고 있지요. 계속

---

10. 혜능(慧能, 638~713): 중국 선불교의 육조六祖, 달마대사가 초조初祖이다. 남악회양(南嶽懷讓, 677~744)은 혜능의 직계제자 중 한 사람.

쏘고 있으니까 수증즉불무修証卽不無 오염즉부득汚染卽不得, 실패라는 게 없지. 계속 쏘고 있으니까 백발백중이지, 계속 쏘지 않으면 곧 떨어지고 말지요. 이게 소위 계속해야 된다는 그런 뜻이죠. 불오염不汚染, 실패하지 않는 거, 백발백중하는 거, 이것이 제불지소호념諸佛之所護念, 부처의 핵심이다. 금메달 땄다고 해서 끝내면 안 된다. 계속 노력하는 것이 부처의 핵심이야. 나도 그렇고, 너도 그렇다. 나도 지금 육조혜능이지만 계속 노력하고 있는 거지, 내가 육조라고 해서 가만있는 거 아니다. 계속 노력해야 되지, 금메달 땄다고 해서 방심하면 안 된다.

금메달을 따야 일물一物이 되는 거지. 일물이란 한국에서 활 쏘는 거로 최고의 존재가 되는 거지. 그래서 언제나 유상유물有象有物 이렇게 되지. 언제나 견성했으면 반드시 성불이 있어야지, 성불을 안 하면 안 된다.

자 그럼, 21장 주석을 안 했지요. 책 27페이지.

권재구의

孔. 盛也. 知道之士. 唯道是從. 而其見於外也. 自有盛德之容. 德之爲言得也. 得之於己曰德. 道不可見. 而德可見. 故以德爲道之容. 孟子曰. 動容周旋中禮. 盛德之至. 與此句差異. 但讀莊老者. 當以莊老字義觀之. 若欲合之孔孟. 則字多窒礙矣. 唯恍唯惚. 言道之不可見也. 雖不可見而又非無物. 故曰其中有象. 其中有物. 其中有精. 此卽眞空而後實有也. 其精其眞. 其中有信. 此兩句. 發明無物之中. 眞實有物. 不可以爲虛言也. 信. 實也. 道之名在於古今. 一日不可去. 而萬善皆由此出. 衆甫. 衆美也. 閱. 歷閱也. 萬善往來. 皆出此道也. 以此者. 以道也. 言衆甫之所自出. 吾何以知其然. 蓋以此道而已. 此等結語. 亦其文字之精處.

공孔. 성야盛也.
지도지사知道之士. 유도시종唯道是從.
이기견어외야而其見於外也. 자유성덕지용自有盛德之容.
덕지위언득야德之爲言得也. 득지어기왈덕得之於己曰德.
도불가견道不可見. 이덕가견而德可見.
고이덕위도지용故以德爲道之容.

공덕지용孔德之容 그랬는데, 공孔은 성盛이라는 뜻이다. 금메달리스트지. 지도지사知道之士, 도를 아는 사람, 도에 통한 사람은 유도시종唯道是從, 언제나 도를 계속 좇는다. 아까 말로 하면 언제나 선생을 따라다니지, 도에 통했다고 해서 선생을 안 따라다니는 건 없다. 계속 배워야 한다.

이기견어외야而其見於外也, 그래서 그 실력이 밖으로 나타나. 활 잘 쏘는 사람의 실력이 밖으로 나타나. 자신감이 아주 넘친다는 거지요. 자유성덕지용自有盛德之容, 스스로 실력 있는 태도가 밖으로 나타나. 덕지위언득야德之爲言得也, 덕은 득이라. 실력을 가졌다는 거다. 실력이 찼다는 거다. 득지어기왈덕得之於己曰德, 자기 속에 실력이 가득 찬 것을 덕이라 부른다.

도덕 그럴 때, 도 그러면 그건 하나님이고, 덕 그러면 예수님이죠. 하나님을 계속 만나야 예수님이 힘이 차지, 하나님을 못 만나면 예수님은 힘이 없다. 그걸 덕이라 그런다.

도불가견道不可見, 우리가 하나님은 볼 수 없지만 이덕가견而德可見, 예수님은 볼 수 있다. 나를 본 자는 아버지를 보았다. 우리는 언제나 예수님을 통해서 하나님을 보는 거지, 우리가 직접 하나님을 볼 순 없다. 고이덕위도지용故以德爲道之容, 덕을 가지고 도의 모습을 짐작해야 된다. 예수님을 보고 하나님이 어떤 분인가 그걸 우리가 알아야 한다.

맹자왈孟子曰. 동용주선중례動容周旋中禮.
성덕지지盛德之至. 여차구차이與此句差異.
단독장노자但讀莊老者. 당이장노자의관지當以莊老字義觀之.
약욕합지공맹若欲合之孔孟. 즉자다질애의則字多窒礙矣.

맹자왈孟子曰, 맹자가 하는 말이 동용주선중례動容周旋中禮, 동은 움직이는 거고, 몸의 거동이지요. 용은 태도, 옷차림이죠. 주선은 이렇게 저렇게 일 처리하는 거, 주선한다 그러잖아요. 그게 다 꼭 법에 맞는다, 예에 맞는다, 그런 말이 있는데, 맹자는 성덕지지盛德之至라. 맹자는 그런 사람이야말로 정말 실력 있는 사람이다 이렇게 말했는데, 여차구차이與此句差異, 이 말하고 노자의 얘기하고는 좀 차이가 있다. 무슨 차이가 있나 하면 공자는 도덕적인 얘기고, 노자는 철학적인 얘기다. 하나는 형이하의 얘기고, 다른 하나는 형이상의 얘기다. 이런 차이가 있다.

단독장노자但讀莊老者, 노자, 장자를 읽는 사람은 당이장노자의관지當以莊老字義觀之, 노자, 장자의 입장에서, 그러니까 철학적 입장에서 그걸 이해해야지, 과학적 입장에서 이해하면 안 된다.

약욕합지공맹若欲合之孔孟, 이것을 공맹식으로 따지려고 하면 즉자다질애의則字多窒礙矣, 잘 맞질 않는다. 공자의 사상하고 노자의 사상은 차원이 다르니까 잘 맞질 않는다.

유황유홀唯恍唯惚. 언도지불가견야言道之不可見也.
수불가견이우비무물雖不可見而又非無物.

유황유홀唯恍唯惚이란 말이 자꾸 나오는데, 소위 엑스터시라는 거죠. 의식의 세계, 그러다 우리가 밤에 잘 때는 무의식의 세계, 그러다 하나 더 올라가면 초의식의 세계, 이 유황유홀은 초의식의 세계죠.

베토벤이 달을 쳐다보고 있는데, 자기는 계속 피아노를 치고 있었다. 그런데 자기가 치는 게 아니고 자기도 치는 소리를 듣고 있는 거였다. 이제 그런 때를 초의식의 세계라. 나중에 나오려고 하니까 장님이 베토벤더러 하는 말이 오늘 달빛은 참 아름다웠습니다. 이거 소위 관문觀門이라는 거지. 눈으로 본 게 아니지. 마음속으로 달빛을 보는 거지. 그런 세계, 그런 걸 소위 우리가 초의식의 세계라. 여기선 황홀이라 표현하죠.

언도지불가견야言道之不可見也, 그건 거저 감각의 눈으로 볼 순 없는 거지. 마음으로 보는 거지. 대심지사라. 바울이 예수를 봤다 그럴 때도 눈을 뜨고 본 게 아니죠. 그땐 벌써 눈을 못 보게 된 거거든. 벌써 귀도 멀었거든. 눈도 못 보고 귀도 멀고서 부활하신 예수를 본 거지. 눈을 똑바로 뜨고 본 건 아니지. 눈 감고 귀먹어가지고 보는 거지. 이거는 눈으로 보는 게 아니라 소위 마음으로 본다. 우린 보통 마음으로 본다 그러지. 도는 불가견, 눈으로 보는 게 아니야.

수불가견이우비무물雖不可見而又非無物, 수불가견雖不可見, 눈으로 보진 못하지만 이우비무물而又非無物이야. 존재가 없는 건 아니야. 그러니까 부활하신 그리스도가 있는 거지, 없는 건 아니야. 우리의 눈이 어두워서 못 보는 거지, 없는 건 아니야. 정말 깨달으면, 불교같이 깨달으면 관문이야. 볼 수 있다 이거지.

고왈기중유상故曰其中有象.
기중유물其中有物. 기중유정其中有精.
차즉진공이후실유야此卽眞空而後實有也.

고왈故曰, 그렇기 때문에 기중유상其中有象, 이건 견성이나 같은 거야. 기중유물其中有物, 성불이나 같은 말이야. 기중유정其中有精, 그 가운데 아주 정신이 들어가 있다. 차즉진공이후실유야此卽眞空而後實有也, 그러니까 진리를 깨달아야 우리가 하나님을 볼 수 있지, 진리를 깨닫기 전에는 하나님을 볼 수가 없다. 진공眞空이 돼야 실유實有가 되는 거지. 무위자연, 그것과 같은 말이죠. 무가 돼야 자연이 되는 거지, 무가 못 되면 자연이 못 된다. 무가 되어야, 엄마가 있어야 거기가 천국이지, 엄마가 없으면 천국이 없다. 하나님이 계셔야 거기가 천국이지, 하나님이 없으면 천국이 없다. 뭐 아무케 해석해도 되지요. 견성을 해야 성불하지, 견성 못하면 성불을 못한다. 이런 여러 가지 의미를 내어가지고 진공묘유, 보통 진공묘유라 그러는데 이 사람은 실유라 그랬어요.

진공 하는 말은 진리를 깨달아야, 공이라는 말은 늘 나오지만 상대를 초월해야 그 소리거든. 제법공상諸法空相 불생불멸不生不滅 불구부정不垢不淨 부증불감不增不減, 이게 전부 상대를 초월해야, 상대를 초월해야 하는 것은 절대라 그 소리거든. 그 절대의 세계, 우리가 보통 절대의 세계라 그러는데, 그 절대세계를 만난다는 건 우리가 깨닫는다는 거거든. 하나님을 보았다든가, 예수님을 만났다든가, 그 절대세계에 도달해야 후실유야後實有也, 이상세계가 나오고 하나님의 나라가 되는 거지, 그 절대세계를 못 붙잡으면 하나님나라도 없다, 우리가 그렇게 말할 수 있지요. 그래서 언제나 진공묘유, 요거 아주 중요한 말이죠.

　　노자 81장을 주석하는 권재는 이 진공묘유라는 말로 주석을 하는 거죠. 전체가 진공묘유라.

　　　기정기진其精其眞. 기중유신其中有信. 차양구此兩句.
　　　발명무물지중發明無物之中. 진실유물眞實有物.
　　　불가이위허언야不可以爲虛言也. 신信. 실야實也.

　　기정기진其精其眞, 그게 아주 정밀하고 진실하고, 기중유신其中有信, 정말 믿을 만하고. 차양구此兩句, 이 두 마디가 다 발명무물지중發明無物之中, 아무것도 없는 것 같은데 그게 아니다. 그 속에 진짜 존재가 있다. 진짜 존재가 있어. 우리가 보는 세계는 아무것도 아니야. 이건 현상세계야. 우리가 보지 못하는 세계 속에 실재세계가 있다.

우리 생각이라고 하는 건 아무것도 아니야. 우리 생각을 넘어서야 그래야 진짜 세계가 나타난다. 진공묘유야. 그래야 진실유물眞實有物이야. 불가이위허언야不可以爲虛言也, 이거야말로 진리다.

신信은 실야實也. 신이란 말은 실이다 그래도 되고, 더 쉽게 말하면 신은 무르익었다 그래도 되죠. 열매가 무르익었다. 열매가 무르익어야 씨가 터 나오지, 싹이 터 나오지, 열매가 무르익지 않으면 싹이 터 나올 수가 없다. 열매가 무르익어야 진공이지. 싹이 터 나와야 묘유지. 또 그렇게 말해도 되죠.

도지명재어고금道之名在於古今. 일일불가거一日不可去.
이만선개유차출而萬善皆由此出.
중보衆甫. 중미야衆美也.

도지명재어고금道之名在於古今 일일불가거一日不可去, 진리는 옛날부터 지금까지 없어진 때가 없어. 예수가 오기 전에도 진리는 있었고, 예수와 같이 진리가 있었고, 예수 후에도 진리가 있었지. 진리는 언제나 영원하다.

이만선개유차출而萬善皆由此出, 모든 선이 다 여기서 나온다. 이 진리에서 나온다 그래도 되고, 또 기독교적으로 말하면 하나님께로부터 온다. 선하신 선생님이시여, 예수한테 그렇게 말하니까, 선한 건 하나님밖에 없지 않느냐, 성경에 그런 말이 나오죠. 네가 선하다 그러지만 선한 건 하나님밖에 없지 않느냐? 이 세상에 선이 어디 있느냐? 그런 말이 성경에 나와요.[11] 만선萬善, 모든 선이 다 하나님께로부터 나오는 거죠.

중보衆甫, 중보는 여러 가지 뜻으로 생각하는데 보통 모든 만물이라는 거지. 여기선 중미야衆美也, 모든 신비한 것, 모든 아름다운 것, 그렇게 돼있어요.

열閱. 역열야歷閱也.
만선왕래萬善往來. 개출차도야皆出此道也.
이차자以此者. 이도야以道也. 언중보지소자출言衆甫之所自出.
오하이지기연吾何以知其然. 개이차도이이蓋以此道而已.

열閱, 이건 볼 열 자인데 여기선 역열歷閱이다. 말하자면 섭리한다, 지배한다 그런 뜻이다. 만선왕래萬善往來, 만선이 왔다 가고, 왔다 가고 하는데 다 그것이 어디서 나오는가? 개출차도야皆出此道也, 다 그리스도에게서 나온다. 하나님께로부터 나온다.

이차자以此者, 여기 이차以此, 그런 차자此者가 뭔가 그러면 하나님이란 뜻이다. 이도야以道也, 도라는 뜻이다. 언중보지소자출言衆甫之所自出, 모든 만물이 어디서 나오나?

---

11. 마가복음 10:17~8.

오하이지기연吾何以知其然, 내가 어떻게 그것이 하나님께로부터 왔다는 걸 알 수 있게 됐는가? 개이차도이이蓋以此道而已, 이 모든 만물이 하도 신비하니까 하나님께로부터 안 나왔다고 할 수가 없다. 하도 신비하니까.

요새 과학자들 얘기 들어보면 정말 신비하지 않아요? 황우석 교수 말하는 거 들어보면 정말 신비해요. 어떻게 주사침으로 요렇게 꿰는지, 하는 거 보면 정말 신비하데요. 종교보다도 과학이 더 신비해졌어요. 스피노자가 말하는 대로 과학자가 정말 더 신학자다 하는 말이 맞게 됐어요. 과학이 더 신비해졌어. 요새 핸드폰 보면 사진도 찍게 되고 다 하는 거 보면 정말 신비해. 자동차 타고 갈 적에도 요렇게 어디 골목, 어디 골목 다 나오는 거 보면 어떻게 신비한지. 세상은 아주 신비로 꽉 차있어. 그러니까 하나님께서 만들었다 그러지 않을 수가 없다.

차등결어此等結語. 역기문자지정처亦其文字之精處.

차등결어此等結語 역기문자지정처亦其文字之精處, 이런 말이야말로 정말 문자 가운데 아주 깊은 뜻을 가진 글들이다.

제22장

부쟁不爭

하나를 얻으면 무아, 자기가 없어진다.
자기가 없어지면 부쟁, 싸울 이유가 없다.
싸우지 않는데 나하고 싸울 사람이 어디 있겠는가.

第二十二章 曲則全

曲則全. 枉則直. 窪則盈.
弊則新. 少則得. 多則惑.
是以聖人抱一爲天下式.
不自見故明. 不自是故彰.
不自伐故有功. 不自矜故長.
夫唯不爭·故天下莫能與之爭.
古之所謂曲則全者·豈虛言哉.
誠全而歸之.

곡즉전曲則全.

곡즉전曲則全, 우리 뱃속에 있는 내장이 꼬불꼬불 해야 그게 온전한 거지, 내장이 쭉 뻗어 있으면 그건 내장이 아니죠.[1] 곡즉

---
1. 〈제18강 2005년 5월 29일〉

전이야. 이것도 곡즉전이란 말을 다른 말로 하면 진공묘유, 그거 한마디를 하자는 거죠. 혹은 곡을 '허리 구부릴 곡', 이렇게 해도 돼요. 허리를 구부리고 남 앞에 겸손하게 절하는 사람만이, 그 사람이 결국에 이기는 거죠. 무저항 저항이나 같은 거죠. 지는 사람이 이기는 거다. 나는 '지는 사람'이라 그러지 않고, '져주는 사람'이 이기는 거다, 이렇게 말해요. 져줘야지. 어른하고 아이하고 씨름하면 누가 이기나 하면 언제나 어른이 져주지. 그래야 아이들도 좋아하고, 어른도 좋아하지, 어른이 진짜로 아이를 타고 앉아서 이기면 그거 정말 비극이지. 그러니까 언제나 져주는 데, 거기 묘미가 있다. 져줌. 그게 곡즉전이야.

왕즉직枉則直. 와즉영窪則盈. 폐즉신弊則新.
소즉득少則得. 다즉혹多則惑.

왕즉직枉則直, 우리가 옷을 밖에 내다 말리려고 줄을 맨다 할 때, 이 줄이 꼬여 있거든. 꼬여 있어야 탄력이 생겨서 빳빳해지지, 이거 꼬지 않고 매달면 축 늘어지고 말거든. 언제나 이렇게 꼬여야 곧다. 이것이 왕즉직이지.

와즉영窪則盈, 이건 땅이 우묵해야 물이 차는 거지.

폐즉신弊則新, 옷이 낡아야 또 새로 사는 거고. 그건 말할 거 없지.

소즉득少則得, 욕심이 적어야 얻는 거고.
다즉혹多則惑, 많으면 잃는 거다.

시이성인포일위천하식是以聖人抱一爲天下式.

시이是以, 그렇기 때문에 언제나 성인포일聖人抱一, 성인은 한 가지를 가져야 돼. 한 가지에 통해야 된다. 그래야 위천하식爲天下式, 천하에서 제일 잘난 사람이 된다. 정명훈 그러면 밤낮 지휘하는 거, 그거 한 가지로 그렇게 유명해졌어요. 한 가지에 통해야 돼.

부자견고명不自見故明. 부자시고창不自是故彰.
부자벌고유공不自伐故有功. 부자긍고장不自矜故長.

부자견不自見, 자기가 잘났다 그러면 안 돼. 자기가 잘 났다 그런 게 없어야 고명故明, 그거 정말 잘난 거지. 부자시不自是, 자기가 옳다 그러면 안 돼. 자기가 옳지 않다 그래야 고창故彰, 그게 정말로 옳은 거야. 이게 언제나 반대지. 진공묘유지. 반대야. 부자벌不自伐, 자기가 뽐내지 않아야 고유공故有功이지. 부자긍不自矜, 자기가 어른이라 그러지 않아야 고장故長, 어른이다. 반대지요.

부유부쟁夫唯不爭・고천하막능여지쟁故天下莫能與之爭.

부유부쟁夫唯不爭, 다른 사람하고 싸움하지 않게 돼야 그게 정말 잘난 사람이지. 고천하막능여지쟁故天下莫能與之爭, 그래야 그 사람하고 싸울 사람이 없지. 그건 요전에 장자 할 때 '목계木鷄'라고 나왔죠. 나무로 만든 닭이라. 나무로 만든 닭하고 누가 싸우겠어요. 그렇지 않아요?

고지소위곡즉전자古之所謂曲則全者・기허언재豈虛言哉.
성전이귀지誠全而歸之.

고지소위古之所謂 곡즉전자曲則全者, 옛날에 소위 곡즉전이라고 하는 거, 기허언재豈虛言哉, 그게 거짓말이었겠는가. 성전이귀지誠全而歸之, 그렇게 돼야 사람은 자기 자신을 완성을 시켜서 귀지歸之, 하나님께로 자기 자신을 돌릴 수가 있다. 이거 아주 좋은 말이죠.

권재구의

能曲而後能全. 能枉而後能直. 能窪而後能盈. 能弊而後能新. 能少而後能多. 此皆能不足. 而後能有餘. 能眞空而後實有之意. 少則得. 多則惑. 只是少則多三字. 又抽繹作兩句也. 一者. 虛也. 無也. 不足也. 聖人所抱只這一件道理. 所以爲天下之法式. 不自見. 不自是. 不自伐. 不自矜. 皆是不有其有之意. 我旣虛心. 而無所爭於天下. 又何爭之有. 長. 可久也. 旣如此說了. 却提起前面曲則全一句. 作如此歸結. 亦是文之奇處. 天地之與我. 無所欠闕. 我但當全而歸之耳. 又它何所事也. 誠者. 實也. 言實當如此也. 曲. 枉. 窪. 弊. 四句. 皆是設喻. 以發明下面之意而已.

능곡이후능전能曲而後能全. 능왕이후능직能枉而後能直.
능와이후능영能窪而後能盈. 능폐이후능신能弊而後能新.
능소이후능다能少而後能多.

능곡이후능전能曲而後能全, 곡곡이 돼야 능히 전전이 된다.
능왕이후능직能枉而後能直, 왕곡이 돼야 능히 직직이 된다.
능와이후능영能窪而後能盈, 와窪가 돼야 능히 영영이 된다.
능폐이후능신能弊而後能新, 폐폐가 돼야 능히 신신이 된다.
능소이후능다能少而後能多, 소소가 돼야 능히 다다가 된다.

차개능부족此皆能不足. 이후능유여而後能有餘.
능진공이후실유지의能眞空而後實有之意.

차개능부족此皆能不足 이후능유여而後能有餘, 이건 진공묘유, 그런 뜻이다. 언제나 자기가 부족하다 그렇게 생각해야 그 사람이 현명한 사람이다. 자기가 다 안다 하면 그건 교만한 사람이다. 능진공이후실유지의能眞空而後實有之意, 언제나 자기가 부족하다, 그렇게 생각하는 사람이 실력이 있는 사람이다.

소즉득少則得. 다즉혹多則惑.
지시소즉다삼자只是少則多三字.
우추역작양구야又抽繹作兩句也.

소즉득少則得, 욕심이 적어야 얻고, 다즉혹多則惑, 욕심이 많으면 실패한다. 지시소즉다삼자只是少則多三字, 소少하고 다多하고 이거는, 본래 소즉다少則多 이 석 자인데, 우추역작양구야又抽繹作兩句也, 요걸 둘로 갈라놔서 이렇게 됐다.

일자一者. 허야虛也. 무야無也. 부족야不足也.
성인소포지저일건도리聖人所抱只這一件道理.
소이위천하지법식所以爲天下之法式.

일자一者 허야虛也, 일은 허虛다. 허라 그래도 되고 무야無也, 무라 그래도 된다. 하나님 그래도 되고, 어머니 그래도 되고, 다 같은 말이죠. 부족야不足也, 언제나 자기가 부족하다 이렇게 생각해야지, 자기가 잘났다 그렇게 생각하면 안 된다.

성인소포지저일건도리聖人所抱只這一件道理, 성인은 언제나 자기가 부족하다 이러고 사는 사람이지, 자기가 잘났다 그러고 사는 사람이 아니다. 소이위천하지법식所以爲天下之法式, 그렇기 때문에 온 천하 사람들이 그 성인을 우러러보게 된다.

> 부자견不自見. 부자시不自是. 부자벌不自伐. 부자긍不自矜.
> 개시불유기유지의皆是不有其有之意. 아기허심我旣虛心.
> 이무소쟁어천하而無所爭於天下. 우하쟁지유又何爭之有.

부자견不自見, 자기가 본다 그러지도 않고,
부자시不自是, 자기가 옳다 그러지도 않고,
부자벌不自伐, 자기가 다 했다 그러지도 않고,
부자긍不自矜, 자기가 잘났다 그러지도 않는다.
개시불유기유지의皆是不有其有之意, 있긴 있으면서도 자기가 있다 그러지 않는 거, 그것이 아기허심我旣虛心, 허심이라는 말이다. 이무소쟁어천하而無所爭於天下, 그런 사람이니까 이 세상하고 싸우지를 않는다. 우하쟁지유又何爭之有, 싸울 필요가 뭐 있는가.

장長. 가구야可久也. 기여차설료既如此說了.
각제기전면곡즉전일구却提起前面曲則全一句.
작여차귀결作如此歸結. 역시문지기처亦是文之奇處.

장長 가구야可久也, 장이라는 건 오래 간다 그 소리다. 기여차설료既如此說了, 이렇게 말하고 보면 각제기전면곡즉전일구却提起前面曲則全一句, 이런 모든 말들을 곡즉전, 이 한마디로 만들 수가 있다.

작여차귀결作如此歸結, 이렇게 우리가 결언을 해보면 역시문지기처亦是文之奇處, 이 글이 참 정말 기묘하다.

천지지여아天地之與我. 무소흠궐無所欠闕.
아단당전이귀지이我但當全而歸之耳.
우타하소사야又它何所事也.

천지지여아天地之與我 무소흠궐無所欠闕, 자기가 부족하다 이렇게 돼야 천지와 내가 다 완전해진다. 결점이 없어진다.

아단당전이귀지이我但當全而歸之耳, 그래서 내가 나를 완성해가지고 하나님께로 돌아갈 수가 있다. 우타하소사야又它何所事也, 그 외에 뭐 더 할 일이 있겠는가.

성자誠者. 실야實也. 언실당여차야言實當如此也.

곡曲. 왕枉. 와窪. 폐弊. 사구四句. 개시설유皆是設喩.
이발명하면지의이이以發明下面之意而已.

성자誠者 실야實也, 성은 무르익었단 말이다. 언실당여차야 言實當如此也, 사람이 무르익어야 겸손해지고, 자기가 부족하다고 하게 되고, 그러니까 다 익은 이삭이 돼야 고개를 숙인다, 이 소리죠. 무르익어야 이렇게 된다.

곡曲 왕枉 와窪 폐弊 사구四句 개시설유皆是設喩라. 다 하나의 비유다. 이발명하면지의이이以發明下面之意而已, 결국은 곡즉전이란 말을 설명하려고 만들어놓은 것뿐이다.

여길보의 주

天下之物・唯水爲幾於道. 一西一東・而物莫之能傷・是曲則全也. 避礙萬折而必東・是枉則直也. 善下而百谷歸之・是窪則盈也. 受天下之垢而莫清焉・是敝則新也. 唯得一者爲足以與此. 得一則無我. 無我則不爭. 夫唯不爭・天下莫能與之爭矣. 古之所謂曲則全・其要如是而已.

천하지물天下之物・유수위기어도唯水爲幾於道.
일서일동一西一東・이물막지능상而物莫之能傷・
시곡즉전야是曲則全也.

천하지물天下之物, 천하의 모든 물건 가운데 유수唯水, 오직 물만이 위기어도爲幾於道, 도에 가깝다.

일서일동一西一東, 물은 언제나 온통 하나다. 물은 언제나 통째로야. 물은 동으로 가기도 하고, 서로 가기도 하고 제 마음대로야. 그렇게 되니까 이물막지능상而物莫之能傷, 모든 만물이 물을 해칠 수가 없어. 시곡즉전야是曲則全也, 이것이 곡즉전이란 말이다.

피애만절이필동避礙萬折而必東·시왕즉직야是枉則直也.
선하이백곡귀지善下而百谷歸之·시와즉영야是窪則盈也.

피애만절이필동避礙萬折而必東, 물은 방해물이 있으면 피하고 만 번 꺾어져서 동으로 가기도 하고, 서로 가기도 한다. 시왕즉직야是枉則直也, 이거야말로 굽어야 곧다는 말이다.

선하善下, 아래로 잘 내려가야 이백곡귀지而百谷歸之, 모든 계곡에 가득 찰 수 있다. 시와즉영야是窪則盈也, 이것이 와즉영窪則盈이란 말이다.

수천하지구이막청언受天下之垢而莫清焉·
시폐즉신야是敝則新也.
유득일자위족이여차唯得一者爲足以與此.

수천하지구受天下之垢, 모든 천하의 죄를 다 자기가 짊어져. 그래야 이막청언이莫淸焉, 깨끗한 사람이다. 시폐즉신야是敝則新也, 그래야 폐즉신이란 말이다. 유득일자唯得一者, 하나를 얻은 사람은 위족이여차爲足以與此, 언제나 넉넉히 이렇게 될 수가 있다.

득일즉무아得一則無我. 무아즉부쟁無我則不爭.
부유부쟁夫唯不爭·천하막능여지쟁의 天下莫能與之爭矣.

득일즉무아得一則無我, 하나를 얻으면 무아, 자기가 없어진다. 무아즉부쟁無我則不爭, 자기가 없어지면 부쟁不爭, 싸울 이유도 없다. 부유부쟁夫唯不爭, 싸우지 않는데 천하막능여지쟁의 天下莫能與之爭矣, 나하고 싸울 사람이 어디 있겠는가.

고지소위곡즉전 古之所謂曲則全·기요여시이이 其要如是而已.

고지소위곡즉전古之所謂曲則全, 옛날에 곡즉전이라는 모든 생각은 기요여시이이其要如是而已, 다 이와 같다.

이굉보의 주

오장육부五臟六腑·지곡至曲·이인뢰이전而人賴以全.
인승이직지 引繩而直之. 비왕非枉·안능직 安能直.
해와海窪·이영而盈. 일월구日月舊·이신而新.
음식소飮食少·이적而適.

오장육부五臟六腑는 지곡至曲 이인뢰이전而人賴以全, 꼬불꼬불해야 사람이 튼튼하다. 인승引繩, 밧줄은 꼬여야, 이직지而直之, 바르게 된다. 비왕非枉 안능직安能直, 밧줄이 꼬이지 않으면 어떻게 탄력을 가지겠는가. 밧줄은 꼬였기 때문에 탄력성이 있고 그래서 곧다.

해와海窪 이영而盈, 바다는 움푹 들어가서 차는 거고, 일월구日月舊 이신而新, 일월은 오래 됐으니까 또 새로워지는 거고, 음식소飮食少 이적而適, 음식은 적어야 적당한 거고, 그런 거지요.

제23장

자연

자연이란 말을 무위자연이라 할 때
자연은 하나님나라와 같은 뜻이 된다.

第二十三章 希言自然

希言·自然.

飄風不終朝. 驟雨不終日.

孰爲此者天地. 天地尚不能久. 而況於人乎.

故從事於道者.

道者同於道. 德者同於德. 失者同於失.

同於道者·道亦樂得之. 同於德者·德亦樂得之.

同於失者·失亦樂得之. 信不足·有不信.

희언希言·자연自然.
표풍부종조飄風不終朝. 취우부종일驟雨不終日.
숙위차자천지孰爲此者天地. 천지상불능구天地尚不能久.
이황어인호而況於人乎.

희언希言 자연自然, 자연은 말이 적다.[1]
표풍부종조飄風不終朝, 회오리바람, 태풍, 그런 것도 오래 못

---
1. 〈제18강 2005년 5월 29일〉

간다. 취우부종일驟雨不終日, 소낙비, 그것도 하루 종일은 못 간다. 숙위차자孰爲此者, 회오리바람이니, 소나기니, 이거 누가 하는 건가? 천지天地, 그건 천지가 하는 거지만 천지상불능구天地尙不能久, 천지의 힘으로도 그걸 오래 끌 수가 없다. 이황어인호而況於人乎, 하물며 사람의 힘으로야 말할 거 있겠는가.

　　고종사어 도자 故從事於道者. 도자동어도 道者同於道.
　　덕자동어덕 德者同於德. 실자동어실 失者同於失.

　고故로, 그렇기 때문에 종사어도자從事於道者, 하나님을 섬기는 사람은 도자동어도道者同於道, 하나님과 하나가 돼야 한다. 하나님과 하나가 돼야 한다는 거는 하나님께 자기 자신을 바쳐야 된다는 거다. 덕자德者, 동어덕同於德, 그리스도를 섬기는 사람은 그리스도에게 자기 자신을 바쳐야 한다.
　실자失者 동어실同於失, 실자라고 했는데 어떤 책에는 하늘 천天으로 돼있어요. 난 하늘 천이 더 좋아요. 그래서 실失 자보다 여기서는 하늘 천으로 해석하죠. 성령이지. 성령을 섬기는 사람은 동어실同於失, 성령에게 자기 자신을 바쳐야 한다.

　　동어도자 同於道者 · 도역락득지 道亦樂得之.
　　동어덕자 同於德者 · 덕역락득지 德亦樂得之.
　　동어실자 同於失者 · 실역락득지 失亦樂得之.

자연 255

동어도자同於道者, 하나님께 자기 자신을 바치는 사람에게는 도역락득지道亦樂得之, 하나님께서 그분에게 힘을 주사, 즐겁게 그를 받아들인다. 받아들인다는 말은 하나님께서 그 사람에게 힘을 주신다는 거죠.

동어덕자同於德者, 그리스도에게 자신을 바치는 사람은 덕역락득지德亦樂得之, 그리스도가 그 사람에게 또 힘을 주신다. 동어실자同於失者, 성령에게 자기 자신을 바친 사람은 실역락득지失亦樂得之, 성령이 또 힘을 주신다.

신부족信不足·유불신有不信.

신부족信不足, 자기 자신을 바치지 않으면, 난 믿음이라는 게 뭔가 그러면 자기 자신을 바치는 게 믿음이라, 이렇게 생각해. 자기 자신을 바치지 않으면 유불신有不信, 하나님도 우리를 받아주시지 않는다. 하나님도 우리에게 힘을 안 주신다.

권재구의

天地之間. 只自然兩字. 可以盡天地之理. 希. 少也. 謂此二字. 其言不多. 而天地理. 不過如此而已. 飄風. 驟雨. 雖天地爲之. 而亦不終朝. 不終日. 人之得喪窮達. 又豈可常哉. 從事於道者. 言學道者也. 道. 行也. 德. 得也. 可行則行. 我亦無違焉. 可得則得. 我亦無違焉. 可失則失. 我亦無違焉. 同者. 隨順而無違之意. 可行我亦樂得之. 可得我亦樂得之. 可失我亦樂得之. 行止得失. 我皆樂之. 此所以爲知道之士. 然此事須信得及方可. 若信處纔有未足. 則於此有不能自信者. 故曰信不足·有不信.

천지지간 天地之間. 지자연양자 只自然兩字.
가이진천지지리 可以盡天地之理.
희希. 소야少也. 위차이자 謂此二字. 기언부다 其言不多.
이천지지리 而天地之理. 불과여차이이 不過如此而已.

천지지간天地之間, 천지 사이에 지자연양자只自然兩字, 자연이라는 두 글자처럼 가이진천지지리可以盡天地之理, 천지의 이치를 다한 글자는 없다. 자연이라는 글자는 진리라는 말과 같다는 거죠. 자연이란 말을 무위자연이라 할 때 자연은 하나님 나라나 같은 거죠. 그러니까 이 '자연'이란 말이 요 두 자지만 굉장히 의미심장한 글자예요. 노자사상의 가장 핵심은 자연이지요. 여기선 지금 진리라고 해석했어요. 자연이란 뭔가? 진리다.

희希 소야少也, 희는 드물 희 자니까 적다란 뜻이다. 위차이자謂此二字, 이 자연이라는 두 글자를 말하는 거다. 기언부다其言不多, 말이 많지 않은 것이 이천지지리而天地之理, 천지의 이치다. 불과여차이이不過如此而已, 그뿐이다.

표풍飄風. 취우驟雨. 수천지위지雖天地爲之.
이역부종조而亦不終朝. 부종일 不終日.
인지득상궁달人之得喪窮達. 우기가상재 又豈可常哉.
종사어도자從事於道者. 언학도자야言學道者也.

표풍飄風, 취우驟雨, 회오리바람이나 소낙비나 수천지위지雖天地爲之, 천지가 하는 거지만 이역부종조而亦不終朝, 오래는 못 간다. 부종일不終日, 종일을 못 간다. 인지득상궁달人之得喪窮達, 사람의 득상궁달得喪窮達, 이것도 우기가상재又豈可常哉, 어떻게 오래 가겠는가.

종사어도자從事於道者, 도에 종사하는 사람이란 언학도자야言學道者也, 도를 배우는 사람을 말한다.

도道. 행야行也. 덕德. 득야得也.
가행 즉행 可行則行. 아역 무위언 我亦無違焉.
가득 즉득 可得則得. 아역 무위언 我亦無違焉.
가실 즉실 可失則失. 아역 무위언 我亦無違焉.

도道는 행야行也, 행한다는 뜻이다. 덕德은 득야得也, 얻는다는 뜻이다. 가행즉행可行則行, 행해야 할 것은 행해야 되고 아역무위언我亦無違焉, 틀리면 안 된다. 가득즉득可得則得, 얻어야 할 것은 얻어야 되고 아역무위언我亦無違焉, 틀리면 안 된다, 어기면 안 된다. 이 사람(권재)은 실失로 해석하니까. 可失則失, 잃어야 될 것은 잃어야 하고, 아역무위언我亦無違焉, 틀리면 안 된다.

동자同者. 수순이무위지의隨順而無違之意.
가행아역락득지可行我亦樂得之.
가득아역락득지可得我亦樂得之.
가실아역락득지可失我亦樂得之
행지득실行止得失. 아개락지我皆樂之.
차소이위지도지사此所以爲知道之士.

동자同者, 동이라는 말은 수순이무위지의隨順而無違之意, 복종을 해서 어김이 없다는 뜻이다.
가행아역락득지可行我亦樂得之, 해야 할 것을 하면 나는 저절로 기쁨을 얻을 수 있다. 가득아역락득지可得我亦樂得之, 얻어야 될 것을 얻으면 나 또한 기쁨을 얻을 수 있다. 가실아역락득지可失我亦樂得之, 잃어야 될 것을 잃으면 또 기쁨을 얻을 수가 있다.
행지득실行止得失에 있어서 아개락지我皆樂之, 난 무엇이든지 즐거워한다. 얻어도 즐거워하고, 잃어도 즐거워하고. 이게 뭔가 하면 상대를 초월했다 이 소리지요. 공空이라는 거지요. 언제나 상대를 초월했다.

차소이위지도지사此所以爲知道之士, 이것이 소위 도를 아는 사람이다.

연차사수신득급방가然此事須信得及方可.
약신처재유미족若信處纔有未足.
즉어차유불능자신자則於此有不能自信者.
고왈신부족故曰信不足·유불신有不信.

연然, 그렇지만 차사수신득급방가此事須信得及方可, 언제나 믿음을 가져야 한다. 혹은 자신을 가져야 한다.

약신처재유미족若信處纔有未足, 자신이 없으면, 즉어차유則於此有 불능자신자不能自信者, 자기에게 자신이라는 게 없으면, 고왈신부족故曰信不足 유불신有不信, 다른 사람이 나를 믿지 않는다. 언제나 내가 날 믿을 수 있게 돼야 남도 나를 믿을 수 있지, 내가 나를 못 믿으면 남도 나를 못 믿을 거 아닌가.

뭐 그쯤 해두지요.

소자유의 주

言出於自然・則簡而中. 非其自然而强言之・則煩而難信. 故曰.
道之出口・淡乎其無味. 言出於希・行出於夷・皆因其自然・故
久而不窮. 世或厭之・以爲不若詭辯之悅耳・怪行之驚世・不知
其不能久也. 孔子曰. 苟志於仁矣・無惡也. 故仁者之過易辭
志於仁猶若此. 而況志於道者乎. 夫苟從事於道矣. 則其所爲.
合於道得道. 合於德得德. 不幸而失・雖失於所爲・必有得於道
德.

언출어자연言出於自然・즉간이중則簡而中.
비기자연이강언지非其自然而强言之・즉번이난신則煩而難信.

언출어자연言出於自然, 말이 자연의 이치에 맞은즉, 즉간이중 則簡而中, 말이 아주 간단하게 된다. 중中, 아주 들어맞게 돼. 합리적이 된다. 간단하고 합리적이다.

비기자연이강언지非其自然而强言之, 말이 자연이어야 하는데 그것을 억지로 말하게 되면, 즉 이치를 모르고 말하게 되면 즉번이난신則煩而難信, 아주 번거롭게 되고, 믿기가 어려워진다. 질서 정연해야 믿을 수 있지, 번거롭게 되면 믿기가 어려워진다.

고왈故曰. 도지출구道之出口・담호기무미淡乎其無味.

자연 261

고왈故曰, 그렇기 때문에 도지출구道之出口, 도가 입에서 나올 때는 담호기무미淡乎其無味, 언제나 아무 맛도 없는 것 같애. 밥은 아무 맛도 없어. 그래야 밥이지, 그게 달다든가 시다든가 하면 그건 밥도 아니지. 물은 언제나 아무 맛이 없어야 물이지, 그게 달다든가 시다든가 하면 그것도 물이 아니지. 언제나 무미라야 돼.

　　언출어희言出於希·행출어이行出於夷·
　　개인기자연皆因其自然·고구이불궁故久而不窮.

　언출어희言出於希, 말은 언제나 많질 않아야 돼. 희라고 하는 건 드물다 이거지. 말이 많으면 복잡해져. 말은 많질 않아야 돼.
　행출어이行出於夷, 행은 복잡하면 안 돼. 이夷라고 하는 건 평탄하다, 순수하다. 행이라고 하는 건 언제나 순수해야 돼. 왜? 그렇게 돼야 개인기자연皆因其自然, 그것이 자연의 이치에 합할 수 있는 거다.
　고故로, 그렇기 때문에 구이불궁久而不窮, 그렇게 이치를 알고 하는 말들은 오래 간다. 오래 가도 실수가 없다.

　　세혹염지世或厭之·이위불약궤변지열이以爲不若詭辯之悅耳·
　　괴행지경세怪行之驚世·부지기불능구야不知其不能久也.

세혹염지世或厭之, 그런데 세상 사람들은 그런 걸 싫어하고 이위불약궤변지열이以爲不若詭辯之悅耳, 아주 궤변하고 그런 걸 좋아한다. 되지도 않는 말 자꾸 하는 거 그런 걸 좋아한다. 괴행지경세怪行之驚世, 그리고 돼먹지 않은 행실을 가지고 세상을 놀라게 해. 그러나 부지기불능구야不知其不能久也, 그런 것들은 오래 못 가. 일시 그러다 말지, 오래는 못 가.

　　공자왈孔子曰. 구지어인의苟志於仁矣·무오야無惡也.
　　고인자지과이사故仁者之過易辭.
　　지어인유약차志於仁猶若此. 이황지어도자호而況志於道者乎.

　　공자왈孔子曰, 공자가 하는 말이 구지어인의苟志於仁矣, 진실로 사람 되겠다는 뜻을 가졌으면 무오야無惡也, 세상에 문제 될 게 하나도 없어. 고故 인자지과仁者之過, 사람 되겠다고 애쓰다가 약간 실수를 해도 이사易辭, 사람들이 다 쉽게 용서해줘.
　　지어인志於仁, 인이 되겠다, 사람 되겠다 그런 뜻을 가진 사람도 유약차猶若此, 이와 같거늘 하물며 이황지어도자호而況志於道者乎, 하나님을 믿겠다는 사람을 어떻게 사람들이 신뢰하지 않겠는가.

　　부구종사어도의夫苟從事於道矣.
　　즉기소위합어도득도則其所爲合於道得道.

합어덕 득덕 合於德得德.
불행이실 不幸而失 · 수실어소위 雖失於所爲 ·
필유득어도덕 必有得於道德.

부구종사어도의夫苟從事於道矣, 하나님을 섬기는 사람은 즉 기소위則其所爲 합어도득도合於道得道, 언제나 그 모든 행동들이 하나님을 믿는 사람처럼 그렇게 온전해야 해. 합어덕득덕合於德得德, 도를 얻은 사람은 또 덕도 얻어야 돼. 이론적인 것을 깨달은 사람은 구체적인 실력도 가져야 돼.

불행이실不幸而失, 덕을 얻었다가도 불행하게 잃는 수도 있어. 돈을 벌었다가도 잃는 수도 있어. 수실어소위雖失於所爲, 비록 잃는다고 해도 필유득어도덕必有得於道德, 그래도 도덕만은 잃지 않아야 돼. 돈은 잃어도 좋지만 그렇다고 해서 정신까지 나가면 안 돼. 아무리 잃어도 정신을 바짝 차리고 도와 덕을 얻도록 해야 한다.

제24장

평범하게 사는 것

도를 가지고 있는 사람은
언제나 평범하게, 그렇게 산다.
그것이 자연스러운 것이다.

第二十四章 跂者不立

跂者不立. 跨者不行.
自見者不明. 自是者不彰.
自伐者無功. 自矜者不長.
其在道也·曰餘食贅行.
物或惡之. 故有道者不處也.

기자불립 跂者不立. 과자불행 跨者不行.

기자불립跂者不立, 발 끄트머리로 서 있는 사람, 오래 못 서 있는다. 잠깐 서 있을 수 있을지 모르지만 오래 못 가.[1] 과자불행跨者不行, 발을 또 넓게 벌리고 있는 사람, 그도 오래 못 가.

자견자불명 自見者不明. 자시자불창 自是者不彰.

---
1. 〈제18강 2005년 5월 29일〉

자견자불명自見者不明, 이건 아까 나온 거 또 나왔어요. 자기가 본다, 그러는 사람은 그건 보는 게 아니야. 자기가 안다 그러는 사람은, 그건 아는 게 아니야. 자시자불창自是者不彰, 자기가 옳다 그러는 사람은 그건 이름난 사람이 아니야. 나타날 창 자죠.

자벌자무공自伐者無功. 자긍자부장自矜者不長.

자벌자무공自伐者無功, 자기가 했다 그러는 사람은 그건 실력 있는 사람이 아니야. 자긍자부장自矜者不長, 자기가 잘났다 그런 사람은 그건 어른 될 자격이 없어.

기재도야其在道也·왈여식췌행曰餘食贅行.

기재도야其在道也, 그런 사람은 이 진리의 세계에 있어서는 왈여식췌행曰餘食贅行, 식은 밥, 췌행, 췌瞖는 사마귀라는 거죠. 사마귀 같은 군더더기 행실이지, 그건 필요 없는 거다.

물혹오지物或惡之. 고유도자불처야故有道者不處也.

물혹오지物或惡之, 언제나 세상 사람들은 그런 사람을 미워해. 식은 밥 좋아하는 사람이 어디 있겠어요. 쓸데없는 군더더기 좋아하는 사람이 어디 있겠어요. 그건 세상 사람들이 싫어해.

고유도자불처야故有道者不處也, 그러니까 도를 가진 사람은 그런 데는 처하지 않는다.

권재구의

足不著地曰跂. 跂而立則不能久. 跨者. 兩股不相著也. 跨則不可以行. 此兩句是譬喻也. 自見自是. 自伐. 自矜. 皆是有其有而不化者. 不明. 自蔽也. 不彰. 名不顯也. 不長. 不可久也. 易曰. 盈不可久也. 亦是此意. 餘食贅行. 皆長物也. 有道者無迹. 有迹則爲長物矣. 曰餘. 曰贅. 莊子駢拇枝指之意也. 食之餘棄. 形之贅疣. 人必惡之. 此有道者. 所以不處也. 言不以迹自累也.

족불착지왈기足不著地曰跂. 기이립즉불능구跂而立則不能久.
과자跨者. 양고불상착야兩股不相著也.
과즉불가이행跨則不可以行. 차양구시비유야此兩句是譬喻也.

족불착지足不著地, 발이 땅에 닿지 않는 것, 왈기曰跂, 그걸 기라 그런다. 기이립즉불능구跂而立則不能久, 기跂로 선즉 오래 못 간다.

과자跨者, 또 발을 지나치게 벌리는 거, 과자跨者는, 양고불상착야兩股不相著也, 양고兩股, 두 무릎을, 불상착야不相著也, 대지 않고 그냥 널리 벌리고 있다 이 소리죠. 과즉불가이행跨則不可以行, 무릎을 널리 벌리면 조금은 가겠지만 오래 가지 못한다.

차양구시비유야此兩句是譬喩也, 이건 다 비유야. 뭐든지 지나친 건 좋지 않다. 다 알맞아야지, 지나친 건 좋지 않다.

자견자시 自見自是. 자벌 自伐. 자긍 自矜.
개시유기유이불화자 皆是有其有而不化者.
불명 不明. 자폐야 自蔽也. 불창 不彰. 명불현야 名不顯也.
부장 不長. 불가구야 不可久也.

자견자시自見自是 자벌自伐 자긍自矜, 이건 개시유기유皆是有其有, 있기는 있는데 이불화자而不化者, 돼먹지 않은 놈들이야. 보긴 보는데 돼먹지 않았어. 불화不化야. 될 화 자. 돼먹지 않았어.

불명不明이라는 거는 자폐야自蔽也, 스스로 가리어졌단 말이다. 불창不彰이란 말은 명불현야名不顯也, 나타나지 않는다는 말이다. 부장不長이란 말은 불가구야不可久也, 오래 가지 못한다는 말이다.

역왈易曰. 영불가구야盈不可久也.
역시차의 亦是此意. 여식췌행 餘食贅行. 개장물야 皆長物也.
유도자무적 有道者無迹. 유적즉위장물의 有迹則爲長物矣.

역왈易曰, 주역에 말하기를 영불가구야盈不可久也, 가득 차면 오래 못 가. 역시차의亦是此意, 이건 이런 말이다. 여식췌행餘食贅行, 쓸데없이 자꾸 먹고, 쓸데없는 짓을 자꾸 하고, 그렇게 하면 그건 다 개장물야皆長物也, 쓸데없는 종자들이다.

유도자무적有道者無迹, 도를 가지고 있는 사람은 그런 거 절대 없다. 유적有迹, 그런 쓸데없는 짓을 자꾸 하면 즉위장물의則爲長物矣, 쓸데없는 쓰레기, 쓰레기 같은 존재다.

왈여曰餘. 왈췌曰贅. 장자병무지지지의야莊子騈拇枝指之意也.
식지여기食之餘棄. 형지췌우形之贅疣. 인필오지人必惡之.
차유도자此有道者. 소이불처야所以不處也.
언불이적자루야言不以迹自累也.

왈여曰餘 왈췌曰贅, 식은 밥이라든가, 군살이라든가, 그런 건 장자병무지지지의야莊子騈拇枝指之意也, 장자에 나오는 육손이, 그거 다 겉치장만 부리지 쓸데없다. 그런 사람들은 이 세상에서 겉치장만 부리지, 쓸데없는 사람들이다. 식지여기食之餘棄, 먹다가 내버린 거. 형지췌우形之贅疣, 말하자면 몸에 사마귀니 자꾸 이런 거 나는 거. 인필오지人必惡之, 사람들은 그런 걸 싫어해. 미워할 오 자.

차유도자此有道者 소이불처야所以不處也, 도자道者는 그런 사람은 절대 안 돼야 해. 이 세상에 쓸데없는 존재는 되지 말아야 해. 정말 쓸 만한 존재가 돼야 한다 이거지요.

언불이적자루야言不以迹自累也, 이 말이 무슨 말인가 하면 그런 거는 없어져야 자기에게 누가 되지 않는다. 그런 사람이 안 돼야 자기도 행복하지, 그런 사람이 되면 자기도 불행해진다.

소자유의 주

人未有不能立且行者也. 苟以立爲未足·而加之以跂. 以行爲未足·而加之以跨. 未有不喪失其行立者. 彼其自見自是自伐自矜者亦若是矣. 譬如飮食·適飽則已·有餘則病. 譬如四體· 適完則已·有贅則累.

인미유불능립차행자야人未有不能立且行者也.
구이립위미족苟以立爲未足·이가지이기而加之以跂.
이행위미족以行爲未足·이가지이과而加之以跨.

인미유人未有 불능입차행자야不能立且行者也, 사람은 서고, 가고 할 수 없는 사람은 없다. 누구나 다 일어설 수 있고, 갈 수 있다.

구이립苟以立, 진실로 구苟 자죠. 그런데 이립以立, 섰는데도 위미족爲未足, 그것으로 부족하다, 그렇게 생각하고 더 높이 서려고 한다. 요전에 '발을 돋운다' 그랬나요? 더 높이 서려고 발을 돋우는 것을 이가지이기而加之以跂라. 발돋움 기跂 자. 그걸 기跂라 그런다.

이행以行, 가는데, 갈 수 있는데, 위미족爲未足, 그걸 또 부족하다 그렇게 생각하면서 더 가려고 발을 더 벌린다. 발을 더 벌리는 것을 이가지이과而加之以跨, 그걸 과라 그런다.

미유불상실기행립자 未有不喪失其行立者.
피기자견자시자벌자긍자역약시의 彼其自見自是自伐自矜者亦若是矣.

미유未有 불상실기행립자不喪失其行立者, 그렇게 되면 갈 수도 없고, 설 수도 없어. 가고, 서는 것을 상실하지 않는 이가 없어. 그러니까 갈 수도 없고, 설 수도 없게 된다 그 소리죠.

피기자견彼其自見, 자기가 본다 그러고, 자시自是, 자기가 옳다 그러고, 자벌自伐, 자기가 했다 그러고, 자긍자自矜者, 자기가 잘났다고 하는 사람은 역약시의亦若是矣, 이렇게 발돋움하고 발을 벌리고 있는 사람이나 같다. 비유가 근사하지 않아요? 저 잘났다는 사람은 자기가 높이 발돋움하고 자기가 잘났다는 사람인데 그건 잘난 게 아니다.

비여음식 譬如飮食·적포즉이 適飽則已·유여즉병 有餘則病.
비여사체 譬如四體·적완즉이 適完則已·유췌즉루 有贅則累.

그다음에 비여음식譬如飮食, 밥을 먹는데 적포즉이適飽則已, 배가 부른데도 유여즉병有餘則病, 너무 먹어서 배가 부른데도 지나치게 더 먹으면, 그건 병이 되고 만다. 배탈이 나고 만다.

비여사체譬如四體, 우리 몸이 적완즉이適完則已, 온전하면 그걸로 족하다. 유췌즉루有贅則累, 그런데 거기에 뭘 더 갖다 붙이면, 요새 성형외과에 가서 더 갖다 붙이는 사람들 많잖아요. 더 갖다 붙이면 그건 췌라. 그건 덧살이라, 굳은살이라, 그건 사마귀라, 하여튼 몸에 쓸데없는 췌라. 그렇게 되면 그건 도로 그 사람에게 방해가 되는 거다. 누累라, 방해가 되는 거야.

이식재의 주

학도이유자심學道而有自心·시위여식췌행 是爲餘食贅行.
부식자적어포 夫食者適於飽. 행자적어사 行者適於事.
기포지여 旣飽之餘·추환만전 芻豢滿前·
유공기부지거 唯恐其不持去.
행부적사 行不適事·수중자지렴 雖仲子之廉·
미생지신 尾生之信·유가염야 猶可厭也.
유도자상행기소자연의 有道者常行其所自然矣.

학도이유자심學道而有自心, 도를 배우면서 제가 잘났다 그러는 사람은 시위여식췌행是爲餘食贅行, 그건 쓸데없는 밥을 더 먹는 거나, 또 굳은살을 가지는 거나 마찬가지다.

부식자적어포夫食者適於飽, 먹는 사람은 배부르게만 먹으면 된다. 행자적어사行者適於事, 행하는 사람은 일에 적당하게만 행하면 된다.

기포지여旣飽之餘, 배부른 후에, 추환芻豢, 아무리 맛있는 음식이, 만전滿前, 자기 앞에 가득 있어도 유공기부지거唯恐其不持去, 빨리 가져가지 왜 여기 두느냐 하리만큼 그건 자기에게 도움이 안 되는 거다.

행부적사行不適事, 자기의 행하는 것이 일에 적정하지 않으면 수중자지렴雖仲子之廉, 중자처럼 지나치게 청렴한 것, 미생지신尾生之信, 미생처럼 지나친 약속, 약속이랄까 하여튼, 다리 밑에서 만나자 그랬다고 다리 밑에서 그냥 기다리고 있다가 물 들어와서 죽었다는 얘기니까. 지나친 뭐랄까, 맹신이지요. 지나친 맹신, 그런 건 유가염猶可厭, 참 좋지 않다.

유도자有道者, 도를 가지고 있는 사람은 상행常行, 언제나 평범하게 그렇게 사는 것이 기소자연의其所自然矣라. 그것이 자연스러운 거다.

찾아보기

책·작품명

ㄱ

게르니카 43
격양가 139
고도를 기다리며 183
고린도전서 186
국가 10
권재구의 17, 19, 21, 33, 58, 84, 110, 131, 148, 161, 193, 198, 229, 244, 257, 269
근사록 114
금강경 217~19, 225

ㄴ

노자권재구의 17, 19
노자익 26, 28, 180
누가복음 183

ㄷ

대학 110, 120
도덕경 15, 18, 20~1, 182

ㅁ

마가복음 236
맹자 119
맹자 진심 119
반야심경 191
법화경 강해 183

ㅅ

사기　18
사색　5
삼자권재구의　19
성경　183, 216, 225~26, 236
실존들의 모습 〈니체〉　183
실존들의 모습 〈키르케고르〉　183
실존들의 모습 〈야스퍼스〉　186

ㅇ

열자권재구의　19
요한복음　43, 226
월든　70
이사야 53장　42~3
인물중심의 철학사(경험론 편)　186

ㅈ

장자　6, 8, 15, 31, 54, 68, 105, 180, 191, 231, 243, 271
장자 대종사　67
장자 소요유　203
장자권재구의　19
적벽부　191
주역　10, 19~20, 41, 114, 270
주역 계사　118, 157, 165, 183
주역 설괘전　118
주역 강해　114, 183
죽음에 이르는 병　225~26

ㅊ

천부경　214

ㅌ

태극도설　114

ㅎ

화엄경   78, 216

인명

ㄱ

공자   7~8, 11, 18, 30, 43, 68, 79, 81, 106, 108, 143, 146, 165~68, 183~84, 194~95, 202, 205, 231, 263
권재   10~2, 15, 18~22, 86, 90, 190, 234
김수녕   227
김알지   55
김흥호   20~1, 114, 183, 186

ㄴ

나사로   225
남악회양   227
니체   83, 183

ㄷ

덕산   217
동명성왕   54~5

ㅁ

만해   50, 157
맹자   230~31
문수보살   79
미켈란젤로   115~16
박혁거세   54~5

ㅂ

베케트, 사무엘　183
베토벤　222, 232
보우　51
보조　51
보현보살　79

ㅅ

사마천　7
석가　12, 18, 54, 67, 68, 77~9, 106, 156~57, 168, 221, 225
선다 싱　70
성 프란시스　68
세례요한　43
세종대왕　149
소강절　70
소동파　191
소로우　70
소자유　15, 31, 65, 96, 118, 123, 165, 207, 261, 272
소크라테스　10~1
순임금　131~32, 138, 146
스피노자　191, 237
승조　50

ㅇ

아인슈타인　45, 48, 54, 78
안자　80, 202
안창호　56
야스퍼스　186
여길보　15, 67, 91, 168, 206, 248
예수　27, 42~4, 46, 51, 68, 70, 78, 80~1, 97~8, 122, 212, 225, 230, 232, 234~35
왕순보　208
왕양명　51
왕원택　28

요임금　131~32, 138, 146
용담　219
우임금　131~32, 134, 138
원효　109, 179
유영모　12, 20, 57, 69, 98~9
육희성　137
율곡　51, 56
이굉보　251
이순신　147
이식재　73, 150, 274
임희일　19

ㅈ

자하　80
정명훈　242
정이천　51
젬마　69
조만식　56
주자　51, 106, 114
중자　274~75

ㅊ

초횡　15, 26, 28, 124, 180~82

ㅋ

칸트　67, 70
키르케고르　9, 182, 225~26

ㅌ

퇴계　51, 56, 109

ㅍ

플라톤　10
피카소　43

필승   220

ㅎ

하이데거   7, 224
한비자   143, 146
혜능   226~28
황우석   222, 237

용어

ㄱ

감이수통   96, 97
감투싸움   24
격물치지   110
견성성불   54, 92, 226
경서   5, 217
경쟁교육   171, 173, 176
고지선위사   76, 92
곡즉전   240~41, 243, 247, 248~50
공덕지용   212, 229
공산주의   26
공자의 세상   146
과학   42, 49, 77, 81~2, 104, 111~12, 119~20, 123, 165~67, 173, 194, 203, 225, 231, 237
관상   42, 44
권선징악   195
그리스도   41~2, 44, 97~8, 225~26, 233, 236, 255~56
근본경험   6, 8
근원지   8
기독교   8, 12, 20, 36, 41~2, 48, 51, 55, 66, 68, 97, 103~05, 108, 123, 125, 156, 160, 205~06, 213, 216, 235
기자불립   266
기재   224, 267

길무불리   183

ㄴ

남녀관계   71~2, 93
노자사상   191, 206, 257
노자의 사랑   12
노자의 사상   7, 12, 231
노자의 세상   146
노자의 우주관   211
노자의 인생관   39, 41
노자의 지   8
노자 철학의 핵심   41
노장사상   20

ㄷ

단독자   182
당파싸움   24
대도폐   146, 148~49
대승불교   123
대통령   127~30, 138
도기   48~9, 64~5, 73~4
도덕   18, 20~1, 142~43, 230~31, 264
도지무적   58~9
독각   53
독립   58, 65
동어대통   67~8, 92

ㄹ

라마단   69

ㅁ

만유인력의 법칙   120
메디테이션   44
메시아   43

무극 6
무소유의 사상 191
무심 85~6, 111
무욕 112~13, 190~92, 194, 201~02, 204, 207
무위 7~8, 138~39, 190~92, 194, 204, 207, 208~09, 258~59
무위자연 7, 233, 253, 257
무저항 저항 241
무지 47, 190~92, 194, 196, 199~201, 204, 207, 271
미묘현통 76~7, 92~3
믿음 133, 142, 148, 186~87, 195, 215, 256, 260

ㅂ

발분망식 68
발인과 198
법신 36
본질직관 6, 7, 8
부쟁 7, 239, 243, 250
부처 44, 53~4, 68, 93, 225, 228
부활 58, 103, 122, 225~26, 232~33
분별심 35
분별지 61, 85~6, 90, 105, 161~62, 191, 201~03, 207, 216, 218, 220~21
불교 11, 19~20, 36, 44, 46, 50~1, 53, 61, 67~9, 81, 122, 160, 179, 191, 225~27, 233
불타 53
비유 7, 11, 46, 53~4, 149, 183, 213, 248, 269~70, 273
뿌리 103, 105, 109, 112~14, 124

ㅅ

사대원무주 50
사랑의 철학 7, 8
사명 35, 44, 93, 160, 168, 178
상대세계 95
상징 42~5, 56~7, 213
생명 5, 9, 25, 27, 48, 51, 58~9, 63, 68, 72, 103, 108, 206

성령 41~2, 255~56
성문 53
성선설 195
성인 23, 30, 56, 119~21, 156, 207, 242, 245~46
세계관 41, 65~7
소질교육 171, 176
순수이성 67
승천 58
시간성 20, 224
시지불견 45
식모지학 208
실존 104, 182~83, 186, 196
실천 5, 20~1, 43~4, 93, 119, 136, 142, 148, 168
실천이성 67~8
심즉리 51
십자가 42, 58, 103~04
십철 80

ㅇ

안빈낙도 202
애국자 159
어린양 42~3
어머니 6, 8, 12, 85, 132~33, 138~39, 145, 148, 150, 183~85, 200, 209, 246
에베레스트 46~7
연각 53
영체 105
예술 49, 52, 57, 77, 104, 111, 113, 115~16, 120
오도송 50~1
오하이지중보지연재 216
우주관 41, 53, 65~7, 211, 213, 215
원리 41~2, 45~6, 48~9, 54, 74, 77~8, 83, 90, 111~18, 120, 222~24
유교 19~20, 36, 51
유니온 44

이상세계   10~2, 23, 28, 31, 40, 55, 131~32, 139, 164, 234
이성   67~8, 92~3, 121~22, 165, 186, 242
이순   184
이슬람교   69
이형거지   67, 92
인간의 근본문제   35
인격교육   171, 175
인보케이션   44
인의예악   119, 165
일도   94
일식   20, 67~71, 92~5, 97~9
일언   20
일음일양위지도   104, 106, 108
일인   20, 70
일좌   20, 69, 71, 92~5, 97~8
임진왜란   147

ㅈ

자본주의   25~6, 162, 201
자연   72, 120, 130, 136~37, 160, 191, 225, 254, 258, 265, 274~75
자연의 이치   261~62
자연철학   104
장래   224
적멸   8~9, 124
적연부동   96~7
전체지   200, 202
절대무   6~7, 215
절대의 세계   234
절대자   10~1
절대지   8, 90
절망   186, 189, 195, 225
절성기지   156, 168
절학무우   173, 176~77, 223
정의   150
정직   80, 133~34, 136, 141~42, 148, 153, 164

종교　41~2, 49, 53, 77, 111, 116, 119~20, 122~23, 157, 214~15, 237
지천명　184
지행합일　44
직관　6~8, 192, 215
직관지　191, 204, 216, 220~21
진공묘유　223, 233~35, 241~42, 245
진리　5, 8~9, 20, 46, 48~52, 54~5, 58~9, 64, 67~8, 72, 74~5, 80, 83, 90, 108, 206, 213, 233~35, 257~58, 267

ㅊ

참선　20, 68~9, 71, 89, 93~4, 97
창조적 지성　54
천국　145, 151, 178, 233
천지의 이치　257~58
철인　10~1, 40, 56, 97
철인정치　12, 55, 64, 138
철학　7, 8, 20, 41~2, 49, 53, 77, 81~2, 104, 106, 111, 116~17, 119~23, 165~68, 173~74, 182~83, 186, 194~95, 203, 215, 231
체득　20, 67, 84~5, 93, 117
총욕약경　24~5, 34
출생사　94, 96
출총명　67~8, 71, 92~3
치양지　52
치허　102
치허극　110, 221~22

ㅋ

컨템플레이션　44, 68

ㅌ

탕자　183
태상　128, 131, 136
태평성대　155, 157, 159~61, 163, 165, 167, 169

286

통일　58, 65~6, 95, 134
통일지　85~6, 88, 90, 105, 191, 200, 202~04, 207, 220~21

ㅍ

파라밀　67~9
팔만대장경　54
평등　175

ㅎ

하나님　6, 8, 9~12, 41, 43, 66, 68, 108~09, 119~20, 122~25, 160, 183~86, 190, 192, 194, 205~07, 212~13, 215~16, 230, 233, 235~37, 243, 246~47, 253, 255,~57, 263~64
하나님나라　234
현상세계　234
현존　224
형상　42, 45, 55, 58, 62
형이상자위지도　10, 165
형이상학　10, 11, 194
형이하자위지기　10, 165
활달공　198
휴지체　67~8, 71, 92~3
희언　254

무지·무위·무욕
노자 · 노자익 강해
제3권

김흥호 사상 전집 · 노장사상 1

지은이 | 김흥호
발행인 | 임우식
기획 편집 | 임우식 · 이경희

1판 1쇄 발행 | 2013년 5월 20일
1판 2쇄 발행 | 2017년 7월 24일

발행처 | 사색 출판사
주소 | 서울 중앙우체국 사서함 206호
전화 | 070-8265-9873 팩스 02-6442-9873
홈페이지 | www.hyunjae.org
이메일 | hyunjae2008@hotmail.com
인쇄 | 삼영미디어

Copyright ⓒ김흥호 2013, *Printed in Korea*.
ISBN 978-89-93994-17-9   04080
ISBN 978-89-93994-19-3   (세트)

*이 책은 〈김흥호 사상 전집〉 제15번째로 출판되었습니다.
*저자와의 협의에 따라 인지는 생략합니다.
*잘못된 책은 바꿔드립니다.
*이 도서의 국립중앙도서관 출판시도서목록(CIP)은 e-CIP 홈페이지
http://www.nl.go.kr/cip.php에서 이용할 수 있습니다.(CIP제어번호: CIP2013005279)